LA COCINA CASERA
MEXICANA

Recetas Tradicionales al Estilo Casero Que Capturan
los Sabores y Recuerdos de México

Mely Martínez

ROCK
POINT

Publicado por primera vez en 2022 por Rock Point, un sello editorial de The Quarto Group,
142 West 36th Street, 4th Floor, Nueva York, NY 10018, EE. UU.
T (212) 7 79-4972 www.Quarto.com

Los títulos de Rock Point también están disponibles con descuento para compras minoristas, mayoristas, promocionales
y al por mayor. Para obtener más detalles, comuníquese con el gerente de ventas especiales por correo electrónico a spe-
cialsales@quarto.com o por correo a The Quarto Group, Attn: Special Sales Manager, 100 Cummings Center Suite, 265D,
Beverly, MA 01915, EE. UU.

10 9 8 7 6 5 4

ISBN: 978-1-63106-822-5

Director editorial: Rage Kindelsperger
Directora creativa: Laura Drew
Editora gerente: Cara Donaldson
Editora sénior: Erin Canning
Diseño de la portada y el interior: Laura Klynstra
Fotografía: David Castañeda
Ilustración de la portada: Mariana y Manuel Arciniega
Fotos de la autora (páginas 8 y 192): Leticia Alaníz

Impreso en China

Para David A.

ÍNDICE

SALSAS Y GUARNICIONES

POSTRES Y BEBIDAS

INTRODUCCIÓN

Mi madre solía decir que nací "con un pie en la calle". Se estaba refiriendo a mi costumbre por salir de casa para ir a visitar a mis amigos, tías y vecinos por el barrio. Por alguna razón, desde muy pequeña, me gustaba visitar las casas de otras personas, con la esperanza de que me invitaran a comer algo de su comida. A mi madre no le gustaba esto para nada, ¡porque le daba miedo de que la gente empezara a pensar que no teníamos comida en casa!

La razón por la que me encantaba hacer esto era porque siempre quería probar nuevos sabores. Siempre me preguntaba por qué comidas como la sopa de fideo sabían diferente de una casa a otra, o por qué algunas personas agregaban jugo de limón a su sopa y otros no. Muchas de estas preguntas sobre la comida y la forma en que se preparaba mantenían mi mente constantemente ocupada y, hasta el día de hoy, todavía pienso en la comida todo el tiempo.

Vengo de una familia numerosa y soy la segunda hija de cinco hermanas y tres hermanos. Al igual que con muchas familias de ese entonces, los hijos mayores eran introducidos a las tareas domésticas desde muy pequeños, y eso incluía comprar alimentos en el mercado y ayudar en la cocina.

Durante el verano, mi mamá solía enviarnos a mis hermanos y a mí a la casa de mi abuela, un rancho a orillas del río Pánuco en el estado de Veracruz. Siempre veíamos esos viajes como algo divertido; había tanto que hacer allí durante los largos días de verano. A pesar de que no había electricidad ni juguetes, mis hermanos y primos siempre encontraban formas de divertirse. Nuestros pasatiempos de la tarde incluían jugar al escondite y ensartar plumas de gallina en la punta de una olote de maíz seco para poder girarlo en el aire como un helicóptero.

En el rancho, muchas de las horas de la mañana hasta el mediodía, se usaban para cocinar. Era un proceso que involucraba a todas las mujeres de la familia, cada una tenía un trabajo específico en la cocina. Una preparaba la salsa en el molcajete, otra molía la masa en el metate y otra hacía las tortillas mientras mi abuela cocinaba los platillos principales. Mi trabajo era moler el maíz en el molino manual de maíz.

A veces, mi abuela nos enviaba a una de mis primas y a mí a llevarles el almuerzo a los hombres de la familia, que estaban trabajando en el campo. El almuerzo frecuentemente incluía una tanda de tortillas de maíz recién hechas, cada una rellena con huevos revueltos en una salsa picante y doblada a la mitad. Se encontraban amontonadas y se amarraban con una servilleta de cocina como un paquete, casi como si fuera un regalo. Para beber había café con leche bronca que se llevaba dentro de en una botella de vidrio de aguardiente tapada con un pequeño trozo de olote de maíz.

Aunque simples, esos tacos de huevo con salsa eran absolutamente deliciosos. Se hacían con huevos que mi abuela recogía de las gallinas temprano por la mañana y tomates y chiles cosechados en su jardín junto a la orilla del río. No se como, pero de alguna manera, los sabores de esos tacos mejoraban durante el corto viaje desde la cocina de mi abuela al campo donde trabajaban mis tíos. Aunque los veranos eran calurosos y húmedos en el rancho, un sorbo de café caliente después de esos tacos se sentía perfecto.

Nunca me di cuenta de que ir al rancho en Veracruz todos los veranos formó parte de mi escuela de vida, ya que me enseñó a cocinar y como usar lo que nos ofrece la naturaleza. También aprendí qué alimentos estaban disponibles durante las diferentes estaciones. Al crecer, comencé a experimentar con recetas en la cocina de mi mamá, primero con pasteles y luego con otros platillos. De joven me mudé al estado de Tabasco, en el sur de México, para trabajar como maestra en una escuela rural. Gracias a mi experiencia en la casa de mi abuela, pude adaptarme rápidamente a la vida rural del sur. Comencé a preguntarles a las mujeres locales en la pequeña comunidad donde vivía por qué cocinaban de la manera en que lo hacían. Por ejemplo, me preguntaba por qué no cocinaban con nopales como en el norte, a pesar de tener acceso a ellos, o por qué les gustaba cortar las flores de los árboles y hacer huevos revueltos con ellas.

Desde Tabasco, viajé a estados cercanos en la Península de Yucatán, y con estos viajes mi mundo culinario siguió expandiéndose, con tantos platillos nuevos para degustar y cocinar. Cuando me casé, el trabajo de mi esposo me permitió viajar a muchos otros estados del país.

A lo largo de mis mudanzas y viajes, mi colección de recetas comenzó a crecer, y siempre pensé que algún día las pondría todas juntas en una carpeta bonita. La vida mantuvo a nuestra pequeña familia mudándose varias veces por todo México y más adelante a los Estados Unidos. Fue aquí en los Estados Unidos donde finalmente tuve tiempo para comenzar a organizar esas recetas.

A principios de la década de 2000, empecé a participar en foros de cocina en línea, que comenzaban a popularizarse en ese momento, y fue entonces cuando empecé a compartir mis recetas y fotos de comidas con otros. Con el tiempo, mi familia y amigos me dijeron que debería crear un blog de cocina sobre la comida mexicana, porque los que existían no la representaban por lo que realmente era. Entonces, en 2008, comencé Mexico in My Kitchen (México in Mi Cocina en español). Me decidí por ese nombre porque no quería que mi familia extrañara nuestra comida tradicional. Si no podíamos ir a México a disfrutar de su comida, ¡traeríamos a México a nuestra cocina!

Al principio, el blog era un proyecto que decidí emprender para mi hijo adolescente, para que fácilmente pudiera encontrar las recetas de su madre cuando fuera más grande, incluso si estaba lejos de casa. Con el tiempo, comencé a recibir correos electrónicos de personas que me decían cuánto extrañaban la cocina de su mamá o abuela y cómo las recetas del blog les recordaban mucho a esa comida. Fue entonces que me di cuenta de que no solo estaba escribiendo estas recetas para mi hijo, sino también para los muchos hijos e hijas inmigrantes que estaban extrañando las comidas caseras de su infancia. Para ellos, cocinar esas comidas los hacía sentir más cerca de casa, aunque solo fuera por un momento.

En La cocina casera mexicana encontrarás comidas caseras que en México se hacen a diario, platillos que la gente está haciendo hoy en sus cocinas para sus familias. Estos van desde comidas reconfortantes como caldo de pollo y carne con papas, recetas de celebración como mole poblano y pastel de cumpleaños y clásicos como tamales y

pozole, así como aguas frescas preparadas con frutas en temporada. Todas estas son comidas que le traen recuerdos a muchos mexicanos que, como yo, extrañamos nuestra cultura. Cuando las cocinamos, es casi como si hiciéramos un pequeño viaje de regreso a casa y nos sentáramos con nuestra abuela o mamá a disfrutar de una comida que nos prepararon con mucho amor. También encontrarás recetas para hacer lo básico, como tortillas de maíz y harina, salsas, arroz y frijoles.

En México, cada receta puede variar de una región a otra, ya que a cada cocinero le gusta agregar su propio toque o ingredientes locales. Para las recetas de este libro, he intentado darte sustituciones cuando sea posible, en caso de que no puedas encontrar un ingrediente. Recuerda que siempre puedes darle a una receta tu toque personal.

He desarrollado la mayoría de estas recetas, pero algunas me las dieron amigos, familiares y otros amantes de la comida que he conocido durante mis viajes por México. Espero que las disfrutes y las hagas tuyas. Si solo una de estas recetas se convierte en una de las favoritas de tu familia, entonces valió la pena escribir este libro.

¡Buen Provecho!

Mely con un metate que se usa para moler maíz y otros alimentos.

LA DESPENSA MEXICANA

Una de las cosas que hace que la cocina mexicana sea única es la amplia gama de ingredientes que utiliza. México tiene uno de los ecosistemas más diversos del mundo, y con eso viene una variedad infinita de frutas, verduras, chiles, hierbas y especias. A continuación, encontrarás una lista de ingredientes esenciales para mantener en tu despensa o refrigerador. Todos se utilizarán para preparar las recetas de este libro y también se pueden utilizar para preparar los platillos que se te ocurran por tu cuenta. Representan los ingredientes más comunes que se encuentran en una cocina mexicana.

VERDURAS

AGUACATES: Los aguacates (tambien conocidos en algunos países como paltas) se utilizan para hacer Guacamole (página 129) y para adornar muchos otros platillos, como cócteles de mariscos, enchiladas y salsas. Para elegir aguacates perfectamente maduros, busca aquellos que tengan un color verde oscuro. La piel debe ceder un poco al presionarla suavemente. Si un aguacate está demasiado firme, significa que aún no está maduro; si se siente blando, significa que el aguacate está pasado. En mi cocina, suelo tener dos o tres aguacates en diferentes etapas de maduración y los consumo a medida que maduran. En caso de que quieras acelerar el proceso de maduración, puedes envolver los aguacates en papel (bolsa de papel, periódico, etc.) y guardarlos en un lugar oscuro y seco durante un par de días.

AJO: Este es un ingrediente cotidiano que se usa en casi cualquier platillo. El ajo se utiliza en arroces, frijoles, guisos, sopas, etc.

CALABACITAS (y/o calabacín o zucchini): La calabacita mexicana (de color verde claro con una forma alargada) es un poco más dulce que el calabacín común que se encuentra en los Estados Unidos. La calabacita mexicana se puede encontrar en las tiendas latinas y en algunos mercados asiáticos. Hoy en día, puedes encontrar los dos tipos en las tiendas latinas: los alargados y los redondos pequeños. Si no puedes encontrarlos, siempre puedes usar calabacín como substituto.

CEBOLLAS: Las cebollas blancas son el principal tipo de cebolla utilizado en casi cualquier platillo dentro de México, con la excepción de la península de Yucatán, donde las cebollas rojas son una parte importante de la cocina local.

CHAYOTES: Los chayotes se usan comúnmente en el Caldo de res (página 28) y se pueden agregar a otras sopas y guisos. Fuera de Mexico, puedes encontrar chayotes en las tiendas latinas, asiáticas y de Medio Oriente.

ELOTES: El elote (maíz fresco) que se usa en México no es tan dulce como el que se encuentra en los Estados Unidos. Las recetas de este libro están adaptadas al maíz que puedes comprar en los Estados Unidos.

LIMONES O LIMONES VERDES: En México, los limones (también conocidos en algunos lugares como limas) se utilizan de diversas formas. Sus jugos se exprimen encima de comidas como tacos, sopas e incluso cócteles de frutas frescas. El jugo de limón también se puede usar para marinar carnes y mariscos.

NOPALES: Los nopales tienen un sabor neutro y una textura ligeramente similar a la del okra (angú) o los ejotes (judías verdes). Un vegetal versátil, los nopales se utilizan de diversas formas en la cocina mexicana, como en ensaladas, sopas y guisos, e incluso se pueden revolver con huevos para el desayuno. Además, son ricos en fibra, vitaminas y otros nutrientes importantes. Para preparar los nopales, primero recorta los bordes con un cuchillo afilado, luego remueve todas las espinas de la superficie del nopal. Esto se hace pasando el cuchillo desde la parte inferior del nopal hacia la parte superior (la parte más redonda) hasta que la superficie esté completamente limpia. Enjuaga los nopales, sacúdelos para remover el exceso de agua, y luego córtalas en trozos más pequeños para cocinar. Puedes encontrar nopales en la mayoría de las tiendas latinas y en algunas cadenas de supermercados. Si no logras encontrar nopales frescos, puedes usar los que se venden en frasco.

PAPAS: Las papas blancas son una de las variedades más comunes en México y se utilizan en muchos platillos mexicanos. También puedes usar papas amarillas o rojas.

TOMATES: La mayoría de las recetas de este libro utilizan tomates Roma (también conocidos como tomates italianos o tomates pera), pero también puede utilizar tomates corazón de buey. Ambos son ideales para las salsas y los guisos. Deja que los tomates maduren por completo antes de usarlos en tu cocina, ya que se volverán más jugosos y agregarán más color a tus platillos. Normalmente los coloco en una canasta durante unos días sobre mi mesa de cocina hasta que maduren, antes de colocarlos en el refrigerador.

TOMATILLOS: Los tomatillos se pueden usar crudos o cocidos para hacer salsas, y también son un componente de muchos guisos. Los tomatillos más grandes tienden a ser amargos, así que elige los más pequeños.

ZANAHORIAS: Las zanahorias se utilizan en sopas, guisos, ensaladas y otros platillos. También se usan cortadas en cubitos en el Arroz rojo (página 132) y la Ensalada de pollo (página 92). Además de cocinarse, las zanahorias también se encurten junto con los jalapeños, y se venden así en latas y en frascos en muchos mercados.

CHILES

CHILES ANCHOS (seco): Los anchos son chiles arrugados de un color bermellón oscuro. Cuando compres chiles secos, asegúrate de que aún sean flexibles; si son demasiado rígidos y se quiebran fácilmente, significa que estan viejos. Si bien los chiles anchos se usan en salsas, se utilizan principalmente en guisos y sopas. El chile mulato está relacionado con el ancho, pero este tiene un color achocolatado más oscuro. Los chiles mulatos se utilizan para hacer mole poblano junto con los chiles anchos y los pasillas.

CHILES DE ÁRBOL (seco): El chile de árbol es picante, tiene una forma alargada y delgada y una piel fina de color rojo anaranjado. Se utilizan para agregarle picor a los guisos y las salsas. Las semillas y las venas generalmente no se sacan cuando se cocina con ellos. Cuando compres chiles de árbol, asegúrate de que tengan tallos y que no estén planos.

CHILES GUAJILLOS (seco): Los chiles guajillos tienen una piel lisa y brillante. No son picantes, pero añaden mucho sabor a las sopas y los guisos.

CHILES JALAPEÑOS: Los jalapeños se pueden usar para hacer salsas crudas y cocidas. También se utilizan en algunos guisados. No todos los jalapeños son igual de picantes, así que si te gusta que sean picantes, busca los que tengan muchas venas en la piel.

CHILES PASILLAS (seco): Los chiles pasilla son largos, arrugados y de color café oscuro profundo. Son un tipo de chile no muy picante que se usa para guisos y salsas.

CHILES PIQUÍN: A pesar de ser unos de los chiles más pequeños que encontrarás, los piquín son muy picantes. En forma seca, este chile frecuentemente se muele y se rocía sobre frutas frescas, cócteles de frutas y sopas. También se puede cocinar, tostar o triturar para hacer salsas y guisos. Los chiles frescos por lo regular se muelen en un molcajete (página 15) para hacer salsas frescas. Puedes encontrarlos en tiendas latinas y por internet.

CHILES POBLANOS: Los chiles poblanos se utilizan para hacer los famosos Chiles rellenos (página 55) y en algunos guisos y otros platillos. Suelen ser ligeramente picantes. Para que tengan mejor sabor, busca los poblanos que se venden en los mercados de productos organicos.

CHILES SERRANOS: Aunque no son tan populares fuera de México como los jalapeños, puedes usar los serranos de la misma manera que los jalapeños en salsas y guisos. Los serranos son más pequeños, pero más picantes, que los jalapeños.

HIERBAS Y ESPECIAS

CANELA MEXICANA (en rama): La canela tiene muchos usos en la cocina mexicana, desde postres y bebidas hasta algunos guisos. Siempre es bueno tenerla en tu despensa. Las ramas de canela mexicana se pueden encontrar en los mercados latinos y por internet.

CILANTRO (fresco): El cilantro se utiliza como ingrediente en salsas y guisos, así como para adornar muchos platillos. Para mantenerlo fresco por más tiempo, envuélvelo en papel de aluminio y colócalo dentro de una bolsa de plástico en el refrigerador.

COMINO: Puedes usar comino molido o moler tus propias semillas en casa (recién molidas es mejor) en un molcajete (página 15) o molinillo de especias.

EPAZOTE (fresco): El epazote se usa comúnmente para cocinar frijoles negros. También se utiliza para algunos guisos y quesadillas de tortilla de maíz, así como en los chilaquiles. Si no encuentras epazote fresco, busca las hojas secas en línea. No tendrán el mismo sabor intenso por el que se conoce al epazote, pero igual funcionarán.

HOJAS DE LAUREL (secas): A muchos cocineros les gusta agregar una o dos hojas de laurel al agua cuando cocinan carne de cerdo o res. Las hojas de laurel también se utilizan para preparar guisos y para encurtir chiles.

ORÉGANO MEXICANO (seco): Asegúrate de usar orégano mexicano cuando cocines platillos mexicanos, ya que su sabor es bastante diferente al de los oréganos italianos y griegos. Puedes encontrarlo en tiendas latinas, tiendas especializadas y en línea.

PEREJIL (fresco): El perejil se utiliza para adornar muchos platillos. También se utiliza como ingrediente en algunas sopas y guisados.

PIMIENTA NEGRA: La pimienta negra se muelen usando un molcajete (página 15) o un molinillo de especias. Usar pimienta recién molida es la mejor opción al preparar comida mexicana, pero también puedes usar pimienta ya molida.

TOMILLO (seco): El tomillo seco se agrega a guisos, platillos principales y verduras y chiles en escabeche.

INGREDIENTES SECOS

ARROZ BLANCO DE GRANO LARGO: El arroz blanco de grano largo tiene menos contenido de almidón que el arroz de grano mediano, lo que resultará en un arroz esponjoso que no se pegará.

CALDO DE POLLO: El caldo de pollo, disponible en cubos y en polvo, es un ingrediente cotidiano en muchos hogares mexicanos. La gente lo mezcla con agua para usarlo como sustituto del caldo de pollo casero en muchas recetas, incluidos los guisos y las sopas. Puedes utilizar esta sustitución en las recetas de este libro.

FRIJOLES: Aunque existen muchas variedades de frijoles en México, los frijoles negros y los frijoles bayos (o pintos) son los más populares. Siempre tengo ambos en mi despensa, y te recomiendo que hagas lo mismo.

HARINA DE TRIGO DE TODO USO: Compra siempre una harina de trigo de buena calidad, para obtener mejores resultados al hacer las Tortillas de harina (página 21) o los productos horneados.

HARINA DE MAÍZ NIXTAMALIZADA: La harina de maíz (también conocida como "masa harina") es utilizada para hacer tortillas y muchas otras comidas mexicanas. Para producir esta harina, el maíz se cocina primero en agua de cal, en un proceso llamado "nixtamalización", y después se seca y se muele hasta obtener un polvo fino. Esta harina de maíz no se debe confundir con otras harinas de maíz que no usan maíz nixtamalizado, y que quizás no estén molidos tan finamente. Si buscas comprar esta harina, asegúrate de que el paquete diga que es harina para tortillas. Fuera de México, puedes encontrar esta harina en tiendas latinas, y hoy en día, muchos supermercados en los Estados Unidos también la venden. La marca más común es Maseca.

HOJAS DE MAÍZ: Usarás muchas hojas de maíz para hacer tamales. Cuando compres las hojas de maíz, revísalas para asegurarte de que estén limpias, sean del mismo tamaño y aún estén blandas (no demasiado secas ni crujientes).

PILONCILLO: Esta azúcar sin refinar viene en forma de cono. Al comprar piloncillo (también llamado panela, pero no confundirlo con el queso panela), asegúrate de buscar la versión pura, que tiene un color oscuro. Algunas tiendas tienen una versión similar que es simplemente azúcar en forma de cono, sin el sabor y los nutrientes del piloncillo real.

TABLETA DE CHOCOLATE MEXICANO: Este chocolate se vende comúnmente en una caja que contiene seis tabletas redondas, cada una con un peso de aproximadamente 3.2 onzas (90 g). La marca más popular es Abuelita (de Nestlé), y la segunda marca más común es Ibarra. Si no puedes obtener tabletas de chocolate mexicano en tu supermercado, las puedes encontrar en internet.

TORTILLAS DE HARINA: Las tortillas de harina no son una comida diaria en muchas regiones de México, ya que solo son populares en los estados del norte. Hoy en día, puedes encontrar tortillas de harina ya hechas en la mayoría de los supermercados, pero prefiero hacer las mías en casa (página 21).

TORTILLAS DE MAÍZ: Si no tienes tiempo para hacer tus propias tortillas (página 19), busca las que se venden en las tiendas latinas o en las tortillerías. Las tortillas compradas en la tienda se pueden congelar durante un par de meses si se envuelven bien en una bolsa para congelador.

LÁCTEOS

CREMA MEXICANA: La crema mexicana se usa principalmente como aderezo en tostadas, tacos dorados enchiladas y otros antojitos (comida callejera mexicana). Hoy en día, la crema mexicana está disponible en la mayoría de los supermercados.

QUESO COTIJA: Al igual que la crema mexicana, el queso Cotija se usa comúnmente encima de las enchiladas y otros antojitos mexicanos. Se puede sustituir con queso fresco desmoronado o, como último recurso, con queso parmesano.

QUESO FRESCO: Por lo general, se vende en una rueda, ya sea dentro de una bolsa o un recipiente de plástico. El queso fresco es perfecto para usar desmoronado sobre frijoles refritos, enchiladas y más.

Puedes usar queso feta si no encuentras queso fresco, solo ten en cuenta que el queso feta es más salado en comparación con el queso fresco.

QUESO OAXACA: El queso Oaxaca se usa frecuentemente en quesadillas, tamales y chiles poblanos rellenos. El queso mozzarella fresco es un buen sustituto.

QUESO PANELA: La textura del queso panela es algo esponjosa, pero no tan desmenuzable como el queso fresco. Además de usarse como guarnición para los antojitos, el queso panela también se sirve cortado en cubitos en sopas como la Sopa de fideo (página 35) y la Sopa de tortilla (página 42). Si no puedes encontrar queso panela, usa queso fresco en su lugar.

PRODUCTOS ENLATADOS

CHILE CHIPOTLE EN ADOBO: Los chipotles en adobo se utilizan para agregar sabor a platillos como Tinga de pollo (página 101) y Camarones en chipotle (página 70). En general solo se usan 1 o 2 chiles en una receta, así que una vez que abras una lata, guarda los chiles restantes en un recipiente con tapa en tu refrigerador.

JALAPEÑOS Y ZANAHORIAS EN ESCABECHE: Los jalapeños y zanahorias en escabeche suelen servirse como acompañamiento de comidas como guisos o sándwiches. Además de venderse en latas, también están disponibles en frascos.

LECHE CONDENSADA: La leche condensada es un ingrediente básico en los hogares mexicanos y se usa en una variedad de alimentos dulces, incluyendo los los postres icónicos como el Pastel de tres leches (página 165) y el Flan (página 158). También se agrega sobre frutas, como fresas frescas y plátanos fritos, y se mezcla con bebidas como el café e incluso el Agua de horchata (página 173).

LECHE EVAPORADA: La leche evaporada se puede usar como crema para el café, pero se utiliza principalmente como ingrediente en postres. Es una de las "tres leches" utilizadas en el Pastel de tres leches (página 165).

MEDIA CREMA: Además de usarse en postres, la media crema se utiliza frecuentemente como un componente para sopas cremosas. También se puede utilizar como sustituto de la crema mexicana.

GRASAS

ACEITE DE OLIVA: Tradicionalmente, el aceite de oliva español se utilizaba para preparar recetas con influencia española, como el Pollo a la veracruzana (página 100). Hoy en día, el aceite de oliva italiano se está volviendo más popular y se está utilizando en una mayor variedad de platillos. También se usa comúnmente para aderezar ensaladas.

ACEITE VEGETAL: El aceite vegetal es un ingrediente esencial que se utiliza en la cocina casi todos los días para cocinar arroz, guisos e incluso los huevos para el desayuno.

MANTECA DE CERDO: La manteca de cerdo se utiliza para realzar los sabores de guisados como el Asado de puerco (página 66), y también es un componente de la masa para hacer tamales. La manteca de cerdo a veces se incorpora a la masa de los antojitos, los que también se pueden freír en manteca de cerdo.

MANTECA VEGETAL: La manteca vegetal se utiliza principalmente para hornear galletas, panes y pasteles.

EQUIPO Y UTENSILIOS

Todas las recetas de este libro se pueden hacer con el equipo y los utensilios que ya tienes en tu cocina, pero si te encuentras cocinando cada vez más comida mexicana, es posible que desees invertir en algunos de estos artículos de cocina tradicionales.

BOLSAS PARA CONGELADOR (grandes): Las bolsas para congelador no solo son útiles para guardar tamales, empanadas, frijoles y cualquier comida en el congelador, sino que son la opción que prefiero cuando hago Tortillas de maíz (página 19) y Empanadas (páginas 80 y 82) para que la masa no se pegue a la prensa. Para hacer esto, corta los bordes de la bolsa para obtener dos láminas de plástico de 18 x 18 cm (7 x 7 pulgadas). Coloca una bola de masa entre las láminas y presiona la prensa. Tambien puedes usar un molde para tartas de vidrio.

CANASTA PARA TORTILLAS: La canasta para tortillas es algo comúnmente visto en muchos hogares mexicanos. Están hechas con fibras naturales y se utilizan para mantener calientes las tortillas (envueltas en servilletas de tela) en la mesa.

CAZUELA PARA COCINAR: Una cazuela es una olla de barro tradicional mexicana. Es conveniente tener cazuelas que tengan tapa (especialmente con orificios de ventilación). Te recomiendo que tengas una cazuela pequeña (alrededor de 20 cm/8 pulgadas) para cocinar arroz y una mediana (20 a 25 cm/10 a 12 pulgadas) para hacer guisados diversos.

COMAL: Un comal es una plancha redonda y plana. Se usa comúnmente para hacer y recalentar tortillas; para asar y tostar semillas, chiles y verduras para salsas, y para recalentar ciertos alimentos, como los tamales. Los comales pueden estar hechos de barro, hierro fundido o acero, y también vienen en variedades antiadherentes. Normalmente uso un comal antiadherente, pero puedes usar el tipo que usar el tipo de comal que prefieras.

CUCHARAS DE MADERA: Las cucharas de madera se encuentran entre los utensilios que más utilizo en mi cocina. Se pueden utilizar para preparar guisos, frijoles y arroz. Debido a que son de madera, ayudan a proteger tus ollas y sartenes para que no se rayen o dañen.

MACHACADOR DE FRIJOLES: Hay dos tipos de machacadores de frijoles: los de madera y los de metal. Los machacadores de frijoles de madera tienen una superficie plana para machacar los frijoles, mientras que los de metal tienen agujeros, similar a un prensa papas. Si no tienes un machacador de frijoles, puedes usar un prensa papas o la base de un vaso que tenga el fondo grueso y pesado.

MOLCAJETE: Un molcajete es un mortero especial que está hecho de piedra volcánica y tiene una superficie porosa bien áspera. Los molcajetes se utilizan para moler especias, así como para preparar y servir salsas y guacamole.

PRENSA PARA TORTILLAS: La prensa para tortillas (o tortillera) se utiliza para hacer Tortillas de maíz (página 19) y otros alimentos que usan harina de maíz como empanadas, gorditas y sopes. Las prensas para tortillas se fabrican tradicionalmente de madera o hierro fundido, pero en la actualidad también se fabrican con otros materiales. En caso de que no tengas acceso a una prensa para tortillas, un método muy efectivo que recomiendo es usar un molde para tarta de vidrio. Necesitarías las mismas hojas de plástico que usas con una prensa para tortillas, pero en su lugar colocarías la bola de masa entre la superficie de trabajo y el fondo del molde para tarta. Una ventaja de hacerlo de esta manera es que puedes ver cómo se forma la tortilla a través del vidrio a medida que presionas el molde para asegurarte de que haya alcanzado el diámetro deseado.

RODILLOS: En la cocina mexicana, uno de los usos principales de los rodillos es para hacer Tortillas de harina (página 21). Debido a su contenido de gluten, las tortillas de harina no se pueden hacer en una prensa para tortillas y deben extenderse con un rodillo. Además, los rodillos se utilizan para hacer galletas y masas de tartas.

SERVILLETAS DE TELA o TOALLAS DE COCINA: Las servilletas de tela o las toallas de cocina se utilizan para envolver las tortillas calientes cuando se colocan dentro de una canasta para tortillas. También se utilizan para cubrir la masa de tortillas de harina o de maíz, para que se mantengan húmedas mientras se forman las tortillas.

TAMALERA: Una tamalera es una olla grande con una rejilla de vapor en la parte inferior. Como su nombre lo indica, se usa para cocinar tamales, pero también se puede usar para cocer ciertas carnes al vapor. Si estás haciendo tamales y no tienes una tamalera, puedes improvisar usando uno de estos métodos: puedes arrugar un poco de papel de aluminio y colocarlo en el fondo de la olla, luego cubrirlo con hojas de maíz y colocar los tamales sobre estas, o puedes hacer algunos agujeros en un molde de aluminio desechable para tartas y luego colocarlo boca abajo en la olla para usarlo como una rejilla para cocinar al vapor.

VERDURAS ASADAS

Las verduras asadas agregan una profundidad de sabor a las salsas. Aquí hay una guía rápida para asar verduras para las recetas de este libro.

AJO: Manteniendo la cáscara, colocar los dientes de ajo en un comal o sartén caliente a fuego medio-alto durante aproximadamente 1 minuto, girándolos 2 a 3 veces para asarlos uniformemente. La cáscara se quemará. Retirar enseguida. Pelar el ajo antes de usarlo.

CEBOLLAS: Colocar las rebanadas o cuartos de cebolla en un comal o sartén caliente a fuego medio-alto durante aproximadamente 1 minuto, dándoles vuelta una vez. Se verán carbonizadas y la textura se suavizará un poco. Retirar enseguida.

CHILES ANCHOS/GUAJILLOS: Limpiar los chiles con una toalla de cocina húmeda. Cortarlos a lo largo con un cuchillo o tijeras de cocina, luego quitar las semillas y las venas. Colocar los chiles bien abiertos en una plancha o comal caliente a fuego medio-alto y asar ligeramente durante 30 a 40 segundos. Si es necesario, usar una espátula para presionarlos hacia abajo. Los chiles soltarán su aroma cuando estén listos. Retirar enseguida.

CHILES DE ÁRBOL: Colocar los chiles en un comal o sartén caliente a fuego medio-alto y dar vuelta 2 a 3 veces hasta que empiecen a desprender su aroma y su piel cambie a un color más claro, de 20 a 30 segundos. Retirar enseguida.

CHILES POBLANOS: Colocar los chiles sobre la llama viva a fuego medio-alto durante 5 a 6 minutos, girándolos con pinzas de cocina para que se asen uniformemente. Los chiles tendrán la piel carbonizada y se verán un poco suaves. Después de asar, colocar los chiles en una bolsa de plástico y cerrarla por 5 minutos para que el vapor afloje la piel de los chiles. Sacar los chiles de la bolsa y retira la piel, frotando con los dedos la superficie del chile o usando el borde de una cuchara. Puedes dejar algo de la piel si lo deseas, para agregarle más sabor al platillo. No enjuagues los chiles, ya que perderán algo de su sabor. Con un cuchillo afilado, hacer un corte a lo largo de los chiles, luego retirar las semillas y las venas. Otra forma de cocinarlos es colocarlos en un comal o sartén caliente a fuego medio-alto durante 8 a 10 minutos, volteándolos para que se asen uniformemente, o colocarlos en una bandeja para hornear en el asador a 205°C (400°F) durante 2 minutos, girándolos una vez. También se puede utilizar una parrilla de gas o carbón al aire libre. Después de asarlos, continúa con el proceso de cocción al vapor.

CHILES SERRANOS/JALAPEÑOS: Colocar los chiles en un comal o sartén caliente a fuego medio-alto durante 5 minutos para los chiles serranos y de 7 a 8 minutos para los jalapeños, volteándolos cada 2 minutos aproximadamente para que se asen uniformemente. Sus pieles tendrán una textura semisuave.

TOMATES: Colocar los tomates en un comal o sartén caliente a fuego medio-alto durante 8 minutos, volteándolos cada 2 minutos aproximadamente para que se asen uniformemente. Se verán carbonizados y tendrán una textura semisuave. Deben estar semicocidos. Para un tomate grande que todavía se ve crudo después de asarlo, envolverlo en un trozo de papel de aluminio durante unos 5 minutos para que termine de cocinarse al vapor.

TOMATILLOS: Colocar los tomatillos en un comal o sartén caliente a fuego medio-alto durante 6 minutos, volteándolos cada 2 minutos aproximadamente para asarlos uniformemente. Tendrán una textura muy suave.

TORTILLAS DE MAÍZ

No hace falta decir que las tortillas de maíz se encuentran entre los alimentos más esenciales de la cocina mexicana. En México, las tortillas se consumen en el desayuno, el almuerzo y la cena. Además de usarse para hacer tacos, las tortillas también son muy útiles como una especie de utensilio, se usan para recoger salsas, guisos, frijoles refritos, huevos revueltos y otros alimentos. Las tortillas de maíz también son excelentes para mojar en sopas, salsas, moles e incluso yemas de huevo. Todos estos son ejemplos de la versatilidad de la tortilla y por qué sigue siendo un elemento invaluable de la cocina mexicana.

TIEMPO DE PREPARACIÓN:	TIEMPO DE COCCIÓN:	RINDE:
10 minutos	20 minutos	12 tortillas

1½ tazas (180 g) de harina de maíz

1¼ tazas (300 ml) de agua tibia, más si es necesario

1. Colocar la harina de maíz en un tazón grande, luego agregar el agua, poco a poco. Con las manos, mezclar bien hasta que el agua se absorba uniformemente y la masa se incorpore y pueda formar una bola. Amasar bien la masa hasta que tenga una textura uniforme.

2. Precalentar un comal o un sartén grande a fuego medio-alto. Esto debe estar listo para cuando empiece a prensar las tortillas.

3. Agarrar un trozo de masa y formar una bola del tamaño de una pelota de golf, de unos 4 cm (1½ pulgadas) de diámetro. Colocar la bola de masa, ligeramente aplastada, entre dos láminas de plástico hechas con una bolsa de congelador. Con una prensa para tortillas, o un molde para tarta de vidrio pesado, presionar la bola hacia abajo para formar una tortilla redonda que no tenga más de 3 mm (1/8 de pulgada) de grosor y 15 cm (6 pulgadas) de diámetro.

4. Abrir la prensa para tortillas, y retirar la hoja de plástico superior. Levantar la tortilla de la prensa sosteniendo el lado inferior. Si la masa está demasiado seca, los bordes de la tortilla se verán agrietados y deberá agregar un poco más de agua a la masa (ver Notas en la página 20) y amasar de nuevo.

5. Para quitar la hoja de plástico inferior, colocar la tortilla en su otra mano de modo que la hoja de plástico quede hacia arriba, luego despegar la hoja con cuidado (esto puede requerir algo de práctica). Si la masa se pega a la lámina de plástico y la tortilla no permanece intacta, significa que la masa podría estar un poco húmeda. Agrega un poco más de harina de maíz de 1 a 2 cucharadas (de 7 a 14 g), a la masa y mezclar de nuevo hasta que sea fácil de manipular.

(continuado)

6. Colocar la tortilla sobre el comal y cocinar por unos 30 a 40 segundos. Los bordes de la tortilla comenzarán a secarse. Voltear la tortilla y cocinar por otros 40 a 45 segundos, hasta que se formen manchas color café en la parte inferior de esta. El tiempo de cocción variará según el grosor de la tortilla y la temperatura del comal. Voltear la tortilla por última vez y cocinar por otros 15 segundos, hasta que la tortilla comience a hincharse. Presionar ligeramente la tortilla con las yemas de los dedos para que se hinche de manera uniforme. El tiempo total de cocción es de alrededor de 1 minuto y 45 segundos.

7. Una vez que la tortilla esté cocida, envolver en una servilleta de tela o toalla de cocina para servir. Continuar formando y cocinando el resto de las tortillas, y luego colocarlas en la servilleta de tela con las otras. Las tortillas envueltas se mantendrán calientes por más tiempo si se colocan en una canasta para tortillas hecha con fibras naturales.

NOTAS

* Si gustas hacer esta receta con masa fresca de maíz nixtamalizado, vas a necesitar 480 g de masa.

* Tradicionalmente, no se agrega sal a la masa de maíz para hacer tortillas. Esta es una elección personal, por lo que puedes agregarla si lo deseas.

* La cantidad de agua necesaria para hacer la masa variará, dependiendo de la humedad y otras condiciones climáticas. Ten a mano un par de cucharadas soperas (30 ml) de agua para agregar a la masa si fuera necesario.

* Al hacer la masa de maíz, debes tener una consistencia suave y no debe pegarse a tus manos. Si se pega, agrega un poco más de harina de maíz. Si se ve seca o quebradiza, agrega más agua.

* Técnicamente, no necesitas una prensa para tortillas para hacer tortillas, ya que muchas mujeres en México y Centroamérica dan forma a sus tortillas a mano. Sin embargo, esto requiere mucha práctica y es difícil hacer las tortillas tan delgadas como cuando se usa una prensa.

* Mientras estás formando las tortillas, cubre la masa con una toalla humedecida, para evitar que se seque.

* Las tortillas frescas se pueden refrigerar hasta 4 días en una bolsa de plástico o congelar hasta 2 meses si se almacenan en una bolsa para congelar con cierre hermético.

* Para recalentar, colocar una tortilla en un comal caliente a fuego medio-alto y calentar de 30 a 40 segundos por lado. Si las tortillas están congeladas, descongélalas antes de recalentarlas.

TORTILLAS DE HARINA

Las tortillas de harina se encuentran más comúnmente en los estados del norte de México. Durante décadas, la gente de allí ha utilizado una receta muy popular que requiere 1 kilo (2.2 libras) de harina, ¼ kilo (½ libra/250 g) de manteca vegetal, una pizca de sal y agua caliente según sea necesario. Estas cantidades son tan conocidas que las tiendas venden harina en bolsas de 1 kilo y manteca vegetal en paquetes de ¼ kilo. Hoy en día, la gente no hace tortillas de harina en casa con tanta frecuencia como antes, ya que las puedes encontrar en muchas tiendas y también en las tortillerías. Sin embargo, ¡nada mejor que una tortilla de harina recién hecha! Mi versión de la receta está diseñada para un rendimiento menor, pero tiene el mismo sabor delicioso.

TIEMPO DE PREPARACIÓN: 20 minutos más 30 minutos de reposo	**TIEMPO DE COCCIÓN:** 10 minutos	**RINDE:** 10 tortillas de harina grandes

2½ tazas (325 g) de harina de trigo de todo uso, y más para la superficie de trabajo y para amasar

1 cucharadita de sal

⅓ taza (80 g) de manteca vegetal o manteca de cerdo

1 taza (235 ml) de agua caliente

1. Colocar la harina y la sal en un tazón grande y mezclar. Con un tenedor o batidora de repostería, o con las manos, incorporar la manteca hasta que la mezcla se asemeje a una harina gruesa.

2. Agregar lentamente el agua caliente, poco a poco, hasta que la masa comience a unirse. No agregar toda el agua a la vez (ver Notas en la página 23).

3. Transferir la masa a una superficie de trabajo ligeramente enharinada (no usar demasiada harina o las tortillas se secarán) y amasar por un par de minutos, hasta que tenga una textura suave.

4. Dividir la masa en 10 piezas del mismo tamaño. Enrollar cada pieza en la superficie de trabajo con la palma de la mano para formar una bola. Estas bolas de masa se llaman testales.

5. Colocar los testales en una bandeja para hornear o en un tazón grande y cubrirlos con una toalla de cocina húmeda o una envoltura de plástico. Dejar reposar de 30 a 45 minutos.

6. Después del período de reposo, precalentar un comal o un sartén grande a fuego medio-alto. Enharinar ligeramente la superficie de trabajo y un rodillo (no usar demasiada harina o las tortillas se secarán).

7. Para formar las tortillas, colocar un testal sobre la superficie de trabajo y presionarlo ligeramente con la mano. Colocar el rodillo

(continuado)

sobre el centro del testal y presionar suavemente hacia adelante y luego hacia atrás (sin llegar a los bordes). Girar la masa 90 grados (un cuarto de vuelta) y repetir este movimiento de presión hacia adelante y hacia atrás. Voltear la masa nuevamente y repetir este proceso hasta que se haya formado una tortilla delgada de aproximadamente 25 cm (10 pulgadas) de diámetro. (Si es la primera vez que formas tortillas, ten paciencia, se necesita un poco de práctica).

8. Una vez formada la tortilla, colocarla sobre el comal caliente. Los siguientes pasos ocurren de manera rápida, por lo que es importante mantenerse alerta. Durante los primeros 20 a 30 segundos, la tortilla formará burbujas de aire y comenzarán a aparecer manchas de color café claro en la parte inferior de la tortilla. En este punto, voltear la tortilla por primera vez. Durante los próximos 20 segundos, se seguirán formando más burbujas de aire. Voltear la tortilla por segunda vez. En los próximos 10 segundos, debería inflarse y luego desinflarse a su tamaño final. La tortilla ya está lista.

9. Una vez que la tortilla esté cocida, envolverla en una servilleta de tela o toalla de cocina para mantenerla caliente. Continuar formando y cocinando el resto de las tortillas, y luego colocarlas en la servilleta de tela con las otras tortillas. Las tortillas envueltas se mantendrán calientes por más tiempo si se colocan en una canasta para tortillas hecha con fibras naturales.

NOTAS

* *Agregar ½ cucharadita de polvo de hornear a los ingredientes si vives a una altura elevada. Puedes hacer las tortillas sin usar el polvo de hornear, pero no se inflarán tanto al cocinarlas (aún así quedarán bien).*

* *Añadir el agua, poco a poco, al formar la masa. En climas húmedos, la masa requerirá un poco menos de agua, por lo que es importante tener esto en cuenta.*

* *El período de reposo permite que se desarrolle el gluten, y esto hace que la masa sea más fácil de estirar al formar las tortillas. No omitas este paso (de lo contrario, la masa se encogerá de nuevo cuando se trate de estirar).*

* *El comal debe estar lo suficientemente caliente para que, al cocinar las tortillas, las manchas que se formen sean de un color café claro. Si las manchas se vuelven de color café oscuro demasiado rápido, entonces la temperatura está demasiado alta; si la tortilla tarda más en cocinarse, entonces la temperatura está demasiado baja.*

* *Las tortillas frescas se pueden refrigerar hasta por 5 días en una bolsa de plástico*

* *Para recalentar, colocar una tortilla en un comal caliente a fuego medio-alto y calentarla de la misma manera en que fue cocinada en el paso 8, volteándola dos veces. Las burbujas de aire se volverán a formar, pero no serán tan grandes como cuando se cocinaron las tortillas por primera vez.*

SOPAS

CALDO DE POLLO

El caldo de pollo es un platillo que no necesita presentación. Muchas culturas disfrutan de esta reconfortante sopa, y en México, al igual que en otros países, comúnmente se hace cuando alguien se siente enfermo o cuando quieres una comida reconfortante para calentarte en el invierno. Esta sopa se puede personalizar al gusto del cocinero, agregando las verduras que prefieras o que estén disponibles.

TIEMPO DE PREPARACIÓN:	TIEMPO DE COCCIÓN:	RINDE:
10 minutos	50 minutos	8 porciones

1 pollo entero (1.4 a 1.8 kilos/3 a 4 libras), cortado en pedazos

3 litros (3 cuartos de galón) de agua

2 cucharaditas de sal

½ cebolla blanca

4 dientes de ajo

3 tallos de apio

3 zanahorias grandes, peladas y cortadas en cubitos

2 ramitas de cilantro fresco

2 papas blancas grandes, peladas y cortadas en cubitos

PARA ADORNAR Y SERVIR (OPCIONAL)

Arroz blanco (página 130)

1 aguacate maduro, partido por la mitad, sin hueso y cortado en cubitos

½ cebolla blanca, finamente picada

1 limón, cortado en cuartos

1 chile serrano o jalapeño, cortado en cubitos

¼ taza (10 g) de cilantro fresco picado

Tortillas de maíz calientes

1. Colocar el pollo, el agua, la sal, la cebolla, el ajo y el apio en una olla grande a fuego medio-alto. Llevar a ebullición. Luego, usar una cuchara grande para quitar la espuma que se forma en la superficie. Cubrir parcialmente la olla con la tapa, reducir el fuego y cocinar a fuego lento durante unos 30 minutos. No dejar que hierva.

2. Después de los 30 minutos, verificar que el pollo esté cocido, luego retirarlo de la olla y dejarlo a un lado (si aún no está cocido, cocinar de 5 a 10 minutos más). Después de retirar el pollo, agregar las zanahorias y el cilantro a la olla y cocinar por 5 minutos más.

3. Agregar las papas al caldo y cocinar a fuego lento durante 10 minutos más, o hasta que las zanahorias y las papas estén completamente cocidas.

4. Una vez que el pollo se haya enfriado, dezmenuzarlo o cortarlo en trozos pequeños. Retirar las papas y las zanahorias de la olla y dejar a un lado.

5. Colar el caldo con un colador. Regresar el caldo a la olla y dejarlo reposar de 8 a 10 minutos, retirando la grasa que se forma en la superficie con una cuchara grande.

6. Reducir el fuego a bajo para calentar el caldo. Probar para ver si necesita más sal. Cuando esté listo para servir, colocar un poco de arroz cocido (si lo desea) en un tazón mediano, luego una porción del pollo desmenuzado, las zanahorias y las papas, y luego agregar el caldo caliente. Dejar que todos adornen y condimenten su propia sopa.

NOTA *Puedes agregar otras verduras a tu sopa, como calabacín, chayote y ejotes. Agregarlas 5 minutos después de agregar las papas en el paso 3.*

CALDO DE RES

Esta sopa de res y verduras es conocida en México por muchos nombres, "caldo", "cocido" y "puchero". Es uno de los muchos platillos que los mexicanos heredaron de España y adaptaron para usar con sus ingredientes locales. Lo bueno de esta sopa es que son posibles muchas variaciones, desde simples hasta sofisticadas. Puedes preparar esta sopa con tu selección favorita de hierbas, verduras y cortes de carne.

TIEMPO DE PREPARACIÓN: 20 minutos	TIEMPO DE COCCIÓN: 2 horas 30 minutos	RINDE: 6 porciones

CALDO

900 g (2 libras) de chamberete (o carne de res con hueso)

680 g (1½ libras) de huesos de res con tuétano

2 elotes, cortados en tercios o cuartos

3 mitades de cebollas blancas medianas

4 dientes de ajo

2 ramitas de hierbabuena fresca

6 ramitas de cilantro fresco

2 zanahorias grandes, peladas y cortadas en rebanadas de 1 cm (½ pulgada) de grosor

1 chayote grande, pelado, sin semilla y cortado en cubos

2 papas blancas pequeñas, peladas y cortadas en cubos

225 g (½ libra) de ejotes (judías verdes), cortadas por la mitad

2 calabacitas o calabacines pequeños, cortados en rebanadas de 1 cm (½ pulgada) de grosor

⅓ cabeza de repollo verde, cortada en cubos

1 plátano macho grande, cortado en rebanadas de 4 cm (1½ pulgadas) de grosor (opcional)

2 tazas (280 g) de garbanzos cocidos o 1 lata (425 a 439 g/15 a 15.5 onzas), escurridos (opcional)

Sal, al gusto

1. Para hacer el caldo: Colocar la carne y los huesos en una olla grande, junto con el elote, la cebolla, el ajo, la hierbabuena y el cilantro. Si se prefiere, se pueden atar las hierbas juntas. Agregar suficiente agua para cubrir los ingredientes, luego reducir el fuego a bajo. Cocinar a fuego lento durante aproximadamente 2 horas, o hasta que la carne esté tierna. Con una cuchara grande, retirar la espuma que se forma en la superficie.

2. Para hacer la salsa de tomate (opcional): Colocar todos los ingredientes de la salsa en una licuadora y licuar hasta que quede homogénea. Esta salsa se agregará al caldo junto con las verduras.

3. Aumentar la temperatura para que el caldo vuelva a hervir. Agregar las zanahorias y el chayote y cocinar por unos 15 minutos. Añadir las papas y cocinar por 10 minutos más, y asegurarse de que todas las verduras aún estén al dente. Agregar las verduras restantes, la salsa de tomate (si se usa), los garbanzos (si se usan) y la sal, y dejar que el caldo hierva a fuego lento hasta que todas las verduras estén cocidas, unos 10 minutos más. Es importante cocinar las verduras en etapas para evitar que se cocinen demasiado.

4. Servir la sopa en tazones grandes y adornar con el cilantro. Servir con las tortillas de maíz, los cuartos de limón y el chile serrano (si se usa).

SALSA DE TOMATE (OPCIONAL)

2 tomates medianos, picados

2 dientes de ajo, picados

¼ taza (30 g) de cebolla blanca picada

¼ taza (60 ml) de agua

PARA ADORNAR Y SERVIR

Cilantro fresco picado

Tortillas de maíz calientes

1 limón, cortado en cuartos

1 chile serrano, finamente picado (opcional)

NOTAS

* *Otros cortes de carne que puedes utilizar son las costillas de res o carne de res con hueso cortado en pedazos grandes.*

* *Normalmente cocino la carne en una olla a presión o Instant Pot primero durante 35 minutos, luego retiro la carne y el caldo (con la espuma retirada). Hacer esto te ahorrará mucho tiempo.*

* *En algunas regiones de México, los cocineros agregan la salsa de tomate al caldo (así es como crecí comiendo esta sopa). Puedes omitir esto si lo deseas; de cualquier manera, resultará delicioso.*

CREMA DE ELOTE

Esta sopa de elote es un platillo sabroso y reconfortante. Con su textura espesa y cremosa, seguramente conquistará a toda tu familia, incluso a los niños. A mi hijo le encanta esta sopa desde que era pequeño. Si estás preparándola durante el invierno cuando no se consigue elote fresco, puedes usar elote congelado o enlatado.

TIEMPO DE PREPARACIÓN:	TIEMPO DE COCCIÓN:	RINDE:
10 minutos	25 minutos	4 porciones

2 cucharadas (30 g) de mantequilla

⅓ taza (40 g) de cebolla blanca finamente picada

2 dientes de ajo, picados

Aproximadamente 5 elotes (1.1 a 1.4 kilos/2½ a 3 libras), desgranadas, o 1 paquete (283 g/10 onzas) de maíz congelado, descongelado, o 1 lata (425 a 439 g/15 a 15.5 onzas) de elote, escurrido

2 tazas (475 ml) de caldo de pollo

1 cucharada (8.5 g) de harina de trigo de todo uso 2 tazas (475 ml) de leche

Sal y pimienta, al gusto

PARA ADORNAR Y SERVIR

1 chile poblano, asado, sin semillas, sin venas y finamente picado (opcional)

½ taza (80 g) de queso fresco en cubos, queso panela o queso ranchero

Flores de calabaza (opcional)

¼ taza (60 g) de crema mexicana o crema de leche espesa (opcional)

1. Derretir la mantequilla en una olla mediana a fuego medio-bajo. Agregar la cebolla y el ajo y cocinar por unos 5 minutos, hasta que se ablanden pero no se doren, revolviendo regularmente para evitar que se peguen al fondo de la olla.

2. Aumentar el fuego a medio-alto, luego agregar los granos de elote y el caldo de pollo. Dejar hervir, luego reducir el fuego a medio-bajo y cocinar durante 15 minutos, o hasta que el maíz esté tierno. Retirar aproximadamente ½ taza (80 g) de los granos con una espumadera y reservar para decorar.

3. Mientras la sopa hierve a fuego lento, batir la harina con la leche en un tazón pequeño, mezclando bien para disolver los grumos.

4. Colocar la mezcla de leche y harina en una licuadora y agregar el caldo con el elote cocido. Licuar hasta que esté suave. Regresar la sopa hecha puré a la olla y cocinar a fuego medio hasta que esté caliente y la sopa se espese, aproximadamente 5 minutos más. Revolver la sopa para evitar que se pegue a la olla. Debe tener una consistencia espesa. Condimentar con sal y pimienta.

5. Servir la sopa en tazones medianos, adornar con el chile poblano (si se usa), los granos de elote reservados, los cubos de queso y las flores de calabaza (si se usan). Rociar con la crema mexicana (si se usa).

NOTA

El espesor de la sopa dependerá no solo de la cantidad de harina, sino también del contenido de almidón natural del maíz; algunos maíces tienen mayores cantidades de almidón que otros. Para obtener una consistencia más espesa, agregar una cucharada adicional (8.5g) de harina.

CREMA DE PAPA

Cuando yo era pequeña, mi madre era una experta en estirar el presupuesto de la cocina. Siempre agregaba verduras y otros ingredientes a sus comidas para aumentar su rendimiento. Usaba muchas papas porque sabía que a sus hijos les encantaban, y por eso, las papas se convirtieron en ingrediente esencial de muchos de los platillos que preparaba, como esta sopa. Servía esta sopa con salchichas cortados en trocitos para deleitar a sus hijos.

TIEMPO DE PREPARACIÓN:	TIEMPO DE COCCIÓN:	RINDE:
10 minutos	30 minutos	4 porciones

450 g (1 libra) de papas blancas (aproximadamente 3 papas medianas), peladas y cortadas por la mitad

2 tazas (475 ml) de leche entera, y más si es necesario

2 tazas (475 ml) de caldo de pollo, y más si es necesario

2 cucharadas (30 g) de mantequilla

⅓ taza (40 g) de cebolla blanca finamente picada

1 diente de ajo, picado

1 cucharada (8.5 g) de harina de trigo de todo uso Sal y pimienta, al gusto

PARA ADORNAR Y SERVIR

Perejil fresco picado

2 rebanadas de tocino, cocinado y picado en trocitos

1. Colocar las papas en una olla y cubrirlas con agua. Cocinar a fuego medio-alto durante 18 a 20 minutos o hasta que estén suaves.

2. Escurrir las papas y colocarlas en una licuadora con la leche y el caldo de pollo. Licuar hasta que quede cremoso y uniforme. Dejar a un lado.

3. En la misma olla en que se cocinaron las papas, derretir la mantequilla a fuego lento, luego agregar la cebolla y el ajo, y cocinar hasta que la cebolla esté transparente, aproximadamente 2 minutos. Agregar la harina y cocinar por un minuto más. Usar una cuchara de madera para disolver los grumos.

4. Vaciar la mezcla cremosa de papa en la olla y encender el fuego a medio-alto. Una vez que comience a hervir, reducir el fuego a lento y cocinar durante unos 8 minutos, revolviendo con frecuencia para evitar que la sopa se pegue al fondo de la olla. Condimentar con sal y pimienta. Si se prefiere una sopa con una consistencia más líquida, agregar más leche o caldo de pollo.

5. Servir la sopa en tazones medianos y adornar con el perejil y el tocino picado.

NOTAS

✖ *Puedes usar otros tipos de papas para hacer esta sopa.*

✖ *Puedes sustituir la cebolla blanca por puerro, cebolla amarilla o cebollín.*

SOPA DE LENTEJAS

La sopa de lentejas tiene muchas variaciones en todo México, y dependiendo de la región del país, puedes encontrarla elaborada con ingredientes como chorizo, carne de cerdo y tocino. Me gusta agregar zanahorias en cubitos a mi sopa de lentejas, pero muchos cocineros agregan plátanos machos fritos y huevos duros en rebanadas. También puedes encontrar esta sopa preparada con una simple base de tomate o con una base de salsa tipo adobo que incluye tomate, ajo, cebolla y chiles anchos.

TIEMPO DE PREPARACIÓN:	TIEMPO DE COCCIÓN:	RINDE:
5 minutos	30 minutos	6 porciones

2 cucharadas (30 ml) de aceite de oliva

½ taza (60 g) de cebolla blanca finamente picada

1 diente de ajo grande, picado

1½ tazas (200 g) de apio finamente picado (2 tallos grandes)

⅔ taza (100 g) de zanahoria picada

225 g (½ libra) de lentejas (aproximadamente 1¼ tazas), bien lavadas y escurridas

6 tazas (1.5 litros/1½ cuartos de galón) de caldo de pollo

2 ramitas de perejil fresco, finamente picado

Sal y pimienta, al gusto

Limones, cortados en cuartos, para servir

1. Calentar el aceite de oliva en una olla grande a fuego medio. Agregar la cebolla y el ajo y cocinar por 5 minutos.

2. Reducir el fuego a bajo, agregar el apio y las zanahorias y cocinar por 10 minutos. Agregar las lentejas escurridas, el caldo de pollo y el perejil. Aumentar el fuego a medio-alto y dejar que hierva.

3. Reducir el fuego a lento y cocinar de 25 a 30 minutos (el tiempo de cocción puede variar según el tipo de lentejas y cuan viejas sean). Sazonar la sopa con sal y pimienta.

4. Servir la sopa en tazones medianos, agregando unas gotas de jugo de limón.

NOTAS

✳ *El caldo de pollo casero es la mejor opción para preparar esta sopa, pero puedes sustituirlo por 6 tazas (1.5 litros/1½ cuartos de galón) de agua y 2 cubos de caldo de pollo.*

✳ *La variedad de lenteja utilizada en esta receta puede afectar el tiempo de cocción. Para esta receta, se utilizó la lenteja más común que hay en México, que es de color cafe claro.*

SOPA DE FIDEO

La sopa de fideo es una de las sopas más tradicionales de México, y suele formar parte de la comida del mediodía en los hogares y en pequeños restaurantes familiares llamados fondas. Cuando era niña, me encantaba volver a casa de la escuela y descubrir que mi madre había hecho esta sopa. Es una de las comidas más fáciles de preparar y a los niños les encanta. Es una sopa imprescindible a la hora del almuerzo en muchos hogares mexicanos.

TIEMPO DE PREPARACIÓN:	TIEMPO DE COCCIÓN:	RINDE:
15 minutos	16 minutos	4 porciones

280 g (10 onzas) de tomates Roma, picados

1 diente de ajo grande o 2 dientes pequeños, picados

½ taza (60 g) de cebolla blanca picada

2 cucharadas (30 ml) de aceite vegetal

225 g (8 onzas) de fideos

6 tazas (1.5 litros/1½ cuartos de galón) de caldo de pollo o de verduras

Sal y pimienta, al gusto

PARA ADORNAR Y SERVIR

Queso fresco desmoronado

Aguacate cortado en cubitos

1. Colocar los tomates, el ajo y la cebolla en una licuadora y licuar hasta que quede bien molido. Con un colador, colar esta mezcla en un tazón y reservar.

2. Calentar el aceite en una olla grande a fuego medio-bajo y agregar los fideos. Freír ligeramente los fideos, revolviendo con frecuencia, hasta que adquieran un color dorado claro, de 3 a 4 minutos.

3. Vaciar la mezcla de tomate en la olla y cocinar por aproximadamente 1 minuto. Agregar el caldo de pollo y llevar a hervor. Reducir el fuego a medio-bajo y cocinar tapado hasta que los fideos estén tiernos, aproximadamente 8 minutos. No cocinar demasiado los fideos. Sazonar la sopa con sal y pimienta.

4. Servir la sopa en tazones y decorar con el queso fresco y el aguacate cortado en cubitos.

NOTAS

* Asar los tomates primero le dará un sabor aún más profundo a la sopa. Consulta la página 16 para las instrucciones sobre cómo asarlos.

* Puedes agregar vegetales cortados en cubitos, como chícharos (guisantes) (también conocidos como guisantes o arvejas) y zanahorias, en el paso 3 después de agregar el caldo de pollo.

MENUDO

"Menudo", "pancita" y "mondongo" son algunos de los nombres con los que se conoce a esta sopa en México. Es famosa por su sabor y aroma, así como por la textura distintivamente esponjosa del menudo. Considerada comúnmente como una excelente cura para la resaca, muchas personas confían en la capacidad de esta sopa para revivirlos después de una larga noche de fiesta. El menudo en general se vende los fines de semana en los mercados y en pequeños restaurantes familiares conocidos como fondas, o en restaurantes que se especializan en antojitos típicos mexicanos.

TIEMPO DE PREPARACIÓN:	TIEMPO DE COCCIÓN:	RINDE:
10 minutos	2 horas 30 minutos	8 porciones

CALDO

6 litros (6 cuartos de galón) de agua

1 pata de res (normalmente se vende ya cortada en trozos)

450 g (1 libra) de huesos de res con tuétano

4 dientes de ajo grandes

1 cebolla blanca mediana, cortada en rebanadas gruesas

Sal, al gusto

1.4 kilos (3 libras) de pancita de res blanco (honeycomb) limpios, cortados en trozos pequeños

2 cucharaditas de orégano mexicano seco

SALSA DE GUAJILLO

6 chiles guajillos, abiertos, sin semillas y sin venas

3 dientes de ajo

1 cucharadita de semillas de comino recién molidas (opcional)

1. Para hacer el caldo: Agregar el agua, la pata de res, los huesos con tuétano, el ajo y la cebolla en una olla grande a fuego medio. Sazonar con la sal. Dejar hervir a fuego lento, sin tapar y cocinar durante unos 15 minutos. Mientras se cocina, usar una cuchara para quitar la espuma que se forma en la superficie.

2. Agregar el menudo y el orégano y cocinar de 2 a 2½ horas, hasta que el menudo este suave pero con consistencia (evite cocinarlo demasiado).

3. Retirar la pata de res y los huesos de tuétano de la olla y quitar la grasa que se ha formado en la superficie. Una vez que la pata de res se enfríe un poco, quitarle los huesos, cortar las partes carnosas y devolverlas a la olla, junto con el tuétano de los huesos (pero no los huesos).

4. Mientras se cocina el caldo, preparar la salsa de guajillo: Precalentar un comal o un sartén grande a fuego medio-alto, luego colocar los chiles guajillos bien abiertos en el sartén y asarlos ligeramente durante 30 a 40 segundos. Retirar enseguida. Colocar los chiles asados en un tazón y cubrirlos con agua. Dejarlos en remojo durante unos 25 minutos hasta que estén suaves. Escurrir los chiles y colocarlos en una licuadora con el ajo, ½ taza (120 g) del caldo de cocción y el comino (si se usa). Licuar hasta que la salsa esté bien molida. Colar la salsa con un colador y vaciarla en la olla con el caldo.

5. Cocinar el caldo a fuego lento durante otros 30 minutos, parcialmente cubierto. Probar y sazonar con más sal si es necesario.

6. Servir la sopa en tazones grandes y colocar las guarniciones en platos para servir para que cada quien los agregue a sus propios tazones.

PARA ADORNAR Y SERVIR

1 cucharada (5 g) de chiles piquín secos y molidos

Limones, cortados en cuartos

Orégano mexicano seco

¾ taza (90 g) de cebolla blanca finamente picada

Tortillas de maíz calientes

NOTAS

* *Si usas una Instant Pot, cocinar los ingredientes del paso 2 durante 30 minutos. Si usas una olla a presión, cocinar por 45 minutos. También puedes usar una olla de cocción lenta, y cocinar durante 6 horas a temperatura baja.*

* *Si deseas que tu caldo tenga un color más oscuro, agrega 2 chiles anchos (además de los chiles guajillos) a la salsa. Prepáralos de la misma forma que los chiles guajillo en el paso 4.*

* *A algunas personas les gusta agregar maíz cacahuazintle cocido a su menudo. Si puedes comprar maíz en una lata, escúrrelo y agrégalo a la sopa durante la cocción final a fuego lento en el paso 5.*

POZOLE ROJO

El pozole rojo es uno de esos platillos que sabe aún mejor cuando lo recalientas al día siguiente. Esta es una comida que generalmente se prepara para los cumpleaños, días festivos y otras ocasiones especiales. Es común encontrarlo en cenadurías (restaurantes donde se venden platillos típicos mexicanos). Hay muchos tipos de pozole, incluidos el verde (página 40) y el blanco, y algunos incluso están hechos con pollo y camarones. Sin embargo, el pozole rojo es el preferido de todos.

TIEMPO DE PREPARACIÓN:	TIEMPO DE COCCIÓN:	RINDE:
15 minutos	2 horas 45 minutos	8 porciones

SOPA

4 litros (4 cuartos de galón) de agua

900 g (2 libras) de carne de cerdo, cortada en cubos

450 g (1 libra) de costillas de cerdo

1 cebolla blanca, cortada en cuartos

8 dientes de ajo grandes

Sal y pimienta, al gusto

3 latas (425 a 439 g/15 a 15.5 onzas cada una) de maíz pozolero, escurrido y enjuagado

SALSA ROJA

5 chiles guajillos, cortados a lo largo, sin semillas y sin venas

5 chiles anchos, cortados a lo largo, sin semillas y sin venas

6 dientes de ajo

1 cebolla blanca mediana, picada en trozos grandes

½ cucharadita de orégano mexicano seco

2 cucharadas (30 ml) de aceite vegetal o de canola

Sal, al gusto

1. Para hacer la sopa: Agregar el agua, la carne de cerdo, las costillas, la cebolla y el ajo en una olla grande a fuego medio-alto. Llevar a ebullición, luego reducir el fuego a bajo y cocinar parcialmente cubierto, durante 2 horas y media, o hasta que la carne esté suave y se desprenda de los huesos. Sazonar con sal cuando la carne esté casi lista. Mientras se cocina, usar un cucharón o una espumadera para quitar la espuma que se forma en la superficie.

2. Retirar la carne de cerdo y las costillas de la olla, recortarles el exceso de grasa y quitar los huesos. Retirar y desechar el ajo y la cebolla del caldo. Colar el caldo y devolverlo a la olla. Desmenuzar la carne con dos tenedores y devolverlo a la olla.

3. Mientras la carne se esta cocinando, preparar la salsa: Remojar los chiles guajillo y anchos en agua suficiente para cubrirlos durante 25 a 30 minutos hasta que estén bien molido.

4. Agregar los chiles, el ajo, la cebolla y el orégano a una licuadora, junto con aproximadamente 1 taza (235 ml) de caldo de cocción o agua. Licuar hasta que esté suave.

5. Calentar el aceite en un sartén grande a fuego medio-alto y agregar la salsa y la sal. Revolver la mezcla constantemente, con cuidado, ya que puede salpicar. Reducir el fuego a medio, luego cocinar durante unos 25 minutos.

6. Pasar la salsa por un colador y agregar al caldo. Subir el fuego a medio-alto y dejar que hierva. Reducir el fuego a lento, tapar y cocinar durante unos 10 minutos. Agregar el maíz y sazonar con sal y pimienta. Cocinar a fuego lento hasta que todos los ingredientes estén bien calientes.

PARA ADORNAR Y SERVIR

1 lechuga (iceberg), finamente picada

1½ tazas (175 g) de cebolla blanca finamente picada

Chiles piquín secos y molidos

1 manojo de rábanos, en rebanadas finas

Orégano mexicano seco

Tostadas de maíz

Limones, cortados en cuartos

Aguacate cortado en cubitos (opcional)

7. Servir el pozole en tazones pozoleros grandes y colocar las guarniciones en platos para servir para que cada quien agregue lo que desee a su tazón.

NOTAS

✖ *El pozole se elabora tradicionalmente utilizando partes de la cabeza de cerdo, ya que aportan mucho sabor, pero puedes utilizar otros cortes de cerdo que contengan huesos y grasa para lograr resultados similares.*

✖ *En algunas partes de México, en lugar de lechuga, se utiliza repollo.*

POZOLE VERDE DE POLLO

Si bien el pozole más popular en México es el Pozole rojo (página 38), también hay pozole verde y blanco. La mayoría de los pozoles se hacen con carne de cerdo, pero el pozole verde también se puede hacer con pollo, como en esta receta. Esta receta es similar al pozole que se prepara en el estado de Guerrero y me la dió hace unos años mi querida amiga Nora. Mucho antes de empezar a escribir mi blog, solíamos intercambiar correos electrónicos para platicar e intercambiar recetas y fotos de nuestra comida. Hice algunos cambios en la receta, pero sé que a ella le alegrará verla incluida en este libro.

TIEMPO DE PREPARACIÓN:	TIEMPO DE COCCIÓN:	RINDE:
20 minutos	50 minutos	8 porciones

CALDO

4 piernas y muslos de pollo con piel y 2 pechugas de pollo grandes con piel y con hueso

½ cebolla blanca

6 dientes de ajo

2 ramitas de cilantro fresco

Sal, al gusto

2 latas (425 a 439 g/15 a 15.5 onzas cada una) de maíz pozolero, enjuagado y escurrido

2 cubos de caldo de pollo (opcional)

SALSA VERDE

⅓ taza (50 g) de pepitas (semillas de calabaza)

2 chiles poblanos, asados, sin semillas y sin venas (para asar, ver las instrucciones en la página 16)

1 chile serrano o jalapeño

450 g (1 libra) de tomatillos (aproximadamente 11 tomatillos medianos), sin cáscara

2 dientes de ajo

⅓ taza (13 g) de cilantro fresco picado

2 hojas de epazote

6 a 8 hojas de rábano

1. Para hacer el caldo: Colocar el pollo, la cebolla, el ajo, el cilantro y la sal en una olla grande. Llenar la olla con suficiente agua para cubrir la carne, colocar a fuego medio-alto y llevar a ebullición. Reducir el fuego a lento y cocinar hasta que el pollo esté cocido y lo suficientemente suave como para desmenuzarlo, de 40 a 45 minutos.

2. Retirar el pollo de la olla y quitar y desechar la piel y los huesos. Colocar la carne en un tazón grande para que se enfríe. Desmenuzar el pollo o cortarlo en trozos pequeños. Colar el caldo en el que se cocinó el pollo y desechar el cilantro, el ajo y la cebolla. Regresar el caldo y el pollo a la olla y agregar el maíz pozolero.

3. Mientras se cocina el pollo, hacer la salsa verde: Tostar ligeramente las pepitas en un sartén caliente hasta que empiecen a "saltar", teniendo cuidado de no quemarlas. Sacarlas del sartén y dejarlas enfriar.

4. Agregar las pepitas, los chiles, los tomatillos, el ajo, el cilantro, el epazote, las hojas de rábano, la cebolla, el orégano, el comino y la pimienta (recién molida, si es posible), junto con aproximadamente 1½ tazas (350 ml) del caldo de pollo a una licuadora. Licuar hasta que esté bien molido.

5. En un sartén grande, calentar el aceite vegetal. Agregar la salsa y cocinar hasta que cambie a un color más oscuro, aproximadamente 7 minutos. Condimentar con sal, luego reducir la temperatura y continuar cocinando durante aproximadamente 1 minuto más, revolviendo con frecuencia.

¼ taza (30 g) de cebolla blanca finamente picada

½ cucharadita de orégano mexicano seco

½ cucharadita de semillas de comino recién molidas

Sal y pimienta, al gusto

2 cucharadas (30 ml) de aceite vegetal

PARA ADORNAR Y SERVIR

¼ cabeza de lechuga romana (orejona) o iceberg, finamente rallada

½ taza (60 g) de cebolla blanca finamente picada

2 limones, cortados en cuartos

8 rábanos, en rebanadas finas

Chiles piquín secos y molidos

Orégano mexicano seco

16 tostadas de maíz

6. Colocar la olla con el pollo, el caldo y el maíz pozolero a fuego medio-alto. Cuando la sopa alcance el punto de ebullición, vaciar la salsa en la olla, luego reducir la temperatura a fuego lento y cocinar durante 6 a 7 minutos más. Probar el pozole para comprobar si necesita más sazón. Si se desea, agregar el caldo de pollo para aumentar el sabor.

7. Servir el pozole verde en tazones grandes y colocar las guarniciones en platos para que cada quien los agregue a sus tazones.

NOTAS

✖ *También puedes asar los tomatillos, el ajo y la cebolla para la salsa. Consulta la página 16 para obtener instrucciones sobre cómo.*

✖ *En México, los tomatillos también son conocidos como: tomate, tomate verde, tomate fresadilla, tomate de cáscara y tomate de bolsa.*

SOPA DE TORTILLA

La sopa de tortilla es una de las sopas más famosas del centro de México. Hay varias variaciones en la receta y pueden incluir pollo desmenuzado, chiles poblanos asados e incluso chicharrones. Lo que hace que esta sopa sea especial (¡y famosa!) son las guarniciones; la combinación de las totopos crujientes y los trocitos de aguacate cremosos dan lugar a una experiencia única.

TIEMPO DE PREPARACIÓN:	TIEMPO DE COCCIÓN:	RINDE:
10 minutos	25 minutos	4 porciones

2 tomates medianos

2 dientes de ajo, sin pelar

1/3 cebolla blanca mediana

6 tazas (1.5 litros/1½ cuartos de galón) de caldo de pollo, y más si es necesario

5 cucharadas (75 ml) de aceite vegetal, divididas

6 tortillas de maíz (las tortillas de un día son las mejores; ver Notas)

1 ramita de epazote (unas 4 hojas)

Sal y pimienta, al gusto

1 o 2 chiles pasilla, cortados en aros

PARA ADORNAR Y SERVIR

1 aguacate maduro, partido por la mitad, sin hueso y cortado en cubitos

1 taza (125 g) de queso panela, cortado en cubos pequeños

Crema mexicana

Limones, cortados en cuartos

1½ tazas (aproximadamente 225 g) de pollo cocido y deshebrado (opcional)

1 chile poblano asado, cortado en tiras (para asar, ver las instrucciones en la página 16) (opcional)

Cebolla picada, al gusto (opcional)

Cilantro fresco picado, al gusto (opcional)

1. Precalentar un comal o un sartén grande a fuego medio-alto, luego asar los tomates, el ajo y la cebolla, volteándolos para que se asen uniformemente. (Para asar cada verdura, consultar la página 16 para obtener instrucciones específicas). Una vez asadas, pelar los tomates y el ajo.

2. Colocar las verduras asadas en una licuadora. Licuar hasta que quede una mezcla homogénea, agregando aproximadamente 1 taza (235 ml) de caldo de pollo, si es necesario.

3. En una olla grande, calentar 1 cucharada (15 ml) de aceite vegetal a fuego medio-alto. Agregar la salsa de tomate y cocinar por unos 3 minutos. Cuando la salsa comience a hervir, bajar el fuego a lento y cocinar durante 5 minutos. La salsa se reducirá y cambiará a un color más oscuro.

4. Mientras se cocina la salsa, cortar las tortillas en tiras finas de 5 cm (2 pulgadas) de largo y 1 cm (½ pulgada) de ancho. Dejar a un lado.

5. Agregar el caldo de pollo a la salsa, aumentar el fuego a medio-alto y llevar a ebullición. Reducir el fuego a lento y cocinar de 10 a 12 minutos más. Agregar el epazote y sazonar con sal y pimienta. Cocinar a fuego lento durante 3 minutos más.

6. En un sartén grande, calentar las 4 cucharadas restantes (60 ml) de aceite y freír las tiras de tortilla hasta que estén crujientes y tomen un color dorado, aproximadamente 4 minutos (freír en tandas para no amontonarlos en el el sartén). Retirar las tortillas fritas con una espumadera y colocarlas en un plato con toallas de papel para absorber el exceso de aceite.

7. En el aceite restante, sofreír los aros de chile pasilla. Estos se pondrán crujientes rápidamente. Una vez que lo hagan, retirarlos de inmediato y dejarlos a un lado.

8. Servir la sopa en tazones medianos y agregar las tiras de tortilla frita. Colocar las guarniciones en platos para servir para que cada quien las agregue a sus tazones.

NOTAS

✖ *Algunos cocineros prefieren no asar el tomate, la cebolla y el ajo.*

✖ *También puedes agregar un chile pasilla a la salsa. Remójalo en agua hasta que se ablande, luego agrégalo con los otros ingredientes en la licuadora en el paso 2.*

✖ *Las tortillas del día anterior son mejores para freír, ya que están más secas y absorben menos aceite. También tienden a ponerse crujientes más rápido. Si tienes tortillas frescas y deseas secarlas, córtalas y déjalas en el mostrador de la cocina durante la noche, cubiertas con una toalla de papel, o colócalas en el horno a 120°C (250°F) de 10 a 12 minutos antes de freír. También puedes hornear las tiras de tortilla en lugar de freírlas, a 175°C (350°F) de 8 a 10 minutos.*

PLATILLOS PRINCIPALES

TACOS DE BISTEC

Si tuviera que confesar una de mis debilidades, serían los tacos. Me encantan, sobre todo los los de bistec, que llevan solo carne, una guarnición de cilantro fresco y cebolla picada y, en mi caso, una salsa muy picante. Si has visitado México, seguramente hayas visto estos puestos de tacos por la noche, con las luces colgando del techo y mucha gente reunida alrededor. Esta receta de tacos callejeros de bistec no te decepcionará.

TIEMPO DE PREPARACIÓN:	TIEMPO DE COCCIÓN:	RINDE:
10 minutos	20 minutos	12 tacos

1 cucharada de manteca de cerdo (15 g) o aceite vegetal (15 ml), o más si es necesario (la manteca de cerdo le da un sabor más auténtico)

900 g (2 libras) de bistecs delgados de diezmillo o ribeye

Sal, al gusto

12 tortillas de maíz

PARA ADORNAR Y SERVIR

1 cebolla blanca mediana, finamente picada

1 manojo de cilantro fresco, finamente picado

Salsa picante de tu elección

NOTAS

✖ *En ciertos mercados latinos, es posible que puedas encontrar carne ya cortada en rebanadas finas.*

✖ *Una variación de este platillo son los tacos campechanos, en los que el bistec picado se mezcla con chorizo. Simplemente se debe freír un poco de chorizo en el mismo sartén en el que se cocinan los bistecs, luego caliéntalo con el bistec picado en el paso 3.*

1. Agregar la manteca de cerdo a un sartén grande a fuego medio-alto. Sazonar la carne con sal. Añadir los bisteces al sartén. Cocinar durante unos 2 minutos por cada lado. Si va a cocinar varios bistecs, envolver los bisteces ya cocinados en papel de aluminio y mantenerlos en un horno tibio o cerca del fuego mientras se termina de cocinar el resto. Asegurarse de no cocinarlos por demás.

2. Mientras se cocina la carne, comenzar a calentar las tortillas en un comal grande a fuego medio. Envolver las tortillas calientes en una servilleta de cocina.

3. Una vez que toda la carne esté parcialmente cocida, cortarla en trozos de 8 mm (1/3 de pulgada) o más pequeños, luego devolverlos al sartén para calentarlos nuevamente. Revolver la carne para asegurarse de que se caliente por completo. Si desea, agregar un poco más de manteca de cerdo (o un chorrito de aceite) al sartén.

4. Ensamblar los tacos colocando una porción de la carne en cada tortilla caliente. Algunos puestos de tacos calientan sus tortillas en el mismo sartén que la carne; de esta manera absorben parte del sabor (algunos también agregan más aceite o manteca al sartén mientras calientan las tortillas).

5. Terminar cada taco con la cebolla picada y el cilantro. Servir con la salsa.

FLAUTAS DE PAPA

Las flautas de papa son tacos enrollados rellenos con puré de papas y fritos. Crujientes por fuera, con un relleno cremoso por dentro, estas flautas son una excelente comida sin carne que le encantará a todos, especialmente a los niños. Me gusta servirlas con una guarnición de lechuga o repollo rallado, tomate en rebanadas, queso fresco desmoronado y un chorrito de crema mexicana.

TIEMPO DE PREPARACIÓN:	TIEMPO DE COCCIÓN:	RINDE:
15 minutos	30 minutos	6 porciones

570 g (1¼ libras) de papas, sin pelar y enteras

Sal y pimienta, al gusto

½ taza (120 ml) de aceite vegetal, y más si es necesario, para freír los tacos

12 tortillas de maíz

PARA ADORNAR Y SERVIR

2 tazas (120 g) de lechuga finamente picada

⅓ taza (40 g) de queso fresco o queso Cotija rallado

2 tomates Roma, en rebanadas

¼ de cebolla blanca, en rebanadas finas

1 aguacate maduro, cortado por la mitad, sin hueso y en rebanadas (opcional)

½ taza (120 ml) de crema mexicana (opcional)

Salsa picante, al gusto (opcional)

1. Colocar las papas enteras en una olla mediana y cubrirlas con agua fría. No pelar ni cortarlas; esto evita que las papas absorban demasiada agua, ya que el exceso de humedad se liberará en forma de burbujas durante el proceso de fritura, haciendo que el aceite salpique. Encender el fuego a medio-alto y dejar hervir. Cocinar durante 20 minutos o hasta que las papas estén suaves. Sacarlas de la olla y colocarlas en un tazón grande. Esperar hasta que estén lo suficientemente frías para poder manipularlas, luego pelarlas y desechar la cáscara.

2. Sazonar las papas con sal y pimienta, luego machacarlas hasta obtener una pasta suave (no se verá como un puré sino más como una pasta de papa). Dejar de lado.

3. Calentar el aceite en un sartén grande a fuego medio-alto. Mientras el aceite se calienta, calentar ligeramente las tortillas una a una en un comal caliente o en un sartén; esto las hará más flexibles y fáciles de enrollar.

4. Para armar las flautas, colocar alrededor de 2 a 3 cucharadas (25 a 40 g) de puré (la cantidad necesaria dependerá del tamaño de la tortilla) en una tortilla, cerca de un borde. Enrollar la tortilla apretado, pero no tanto que se salga el relleno. (Se puede usar un palillo para asegurar la flauta al freírla). Repetir este proceso con las tortillas restantes y el relleno.

5. Agregar las flautas enrolladas al sartén y cocinarlas unos 2 minutos por lado, hasta que estén doradas y crujientes (freírlas en tandas para no amontonar el sartén). Retirar las flautas y colocarlas en un plato con toallas de papel para absorber el exceso de aceite. Dejar que las flautas se enfríen un poco antes de servir, porque el relleno estará muy caliente cuando salgan del aceite.

6. Para servir, acompañar con la lechuga picada, el queso fresco, el tomate, la cebolla, el aguacate (si se usa), la crema mexicana (si se usa) y la salsa (si se usa).

NOTAS

✖ *Para estos tacos, prefiero usar las papas de piel rojas o las amarillas. He descubierto que las papas russet absorben demasiado aceite.*

✖ *Si lo deseas, puedes mezclar el queso fresco con el puré de papas para hacer las flautas de papa con queso.*

✖ *Se conservan hasta 4 días en el refrigerador y hasta 6 semanas en el congelador. Para recalentar, descongelar completamente y colocar en un comal caliente hasta que se calienten, o en un horno a 175°C (350°F) durante 15 minutos.*

CARNITAS

Uno de los tacos más ricos que comerás son los de carnitas de puerco. Este taco es una tortilla de maíz caliente, rellena con una mezcla de deliciosos y crujientes bocados de carne de puerco, y cubiertos con la obligatoria cebolla picada y cilantro fresco. Las carnitas se elaboran con varios cortes de cerdo que tradicionalmente se cuecen a fuego lento en calderos de cobre a llama viva. En los negocios dedicados a la venta de carnitas, se utilizan casi todas las partes del cerdo; algunas se cocinan hasta que estén tiernas, jugosas y doradas por fuera, mientras que otras partes se cocinan hasta que estén crujientes, como los chicharrones.

TIEMPO DE PREPARACIÓN:	TIEMPO DE COCCIÓN:	RINDE:
10 minutos	1 hora 5 minutos	6 porciones

900 g (2 libras) de paleta de cerdo y espaldilla, cortados en cubos de 5 cm (2 pulgadas)

¼ taza de manteca de cerdo (60 g) o aceite vegetal (60 ml)

3 dientes de ajo (opcional)

1 cucharada (15 g) de sal

PARA SERVIR

Tortillas de maíz calientes

Cebolla blanca picada

Cilantro fresco picado

Salsa verde (página 125)

1. Colocar la carne, la manteca y el ajo (si se usa) en una olla grande o en una olla de hierro fundido. Rellenar con suficiente agua para cubrir la carne y luego agregar la sal.

2. Cocinar, tapado, a fuego medio-alto hasta que el agua hierva, luego reducir a fuego lento y cocinar unos 45 minutos, hasta que la carne esté casi tierna.

3. Destapar la olla y aumentar el fuego a medio-alto para reducir el líquido. La carne comenzará a freírse en su propia grasa a este punto.

4. Reducir el fuego a medio-bajo y continuar cocinando la carne, revolviendo con frecuencia, hasta que la carne esté dorada uniformemente, de 15 a 20 minutos. Tenga cuidado de no cocinar demasiado la carne o quedará muy seca.

5. Servir con las tortillas, la cebolla, el cilantro y la salsa para hacer tacos.

✳ *La carne de puerco se encoge mucho cuando lo cocinas, así que considera duplicar o triplicar la cantidad si quieres que te sobre..*

✳ *Si no tienes tiempo para mirar la estufa mientras se cocina la carne, aquí está mi receta de carnitas al horno: agregar la carne, la manteca de cerdo y la sal, junto con 1 taza (235 ml) de agua, a una bolsa para horno y colocar en un molde grande para hornear. Cocinar en un horno precalentado a 175°C (350°F) durante 2 horas. Sacar el molde del horno y abrir la bolsa para escurrir y desechar la mayoría de los jugos liberados por la carne, luego cerrar la bolsa y colocarla nuevamente en el molde y meter al horno por una hora más o menos, hasta que la carne esté dorada.*

BARBACOA DE LENGUA

Esta es una forma más fácil de hacer barbacoa de lengua de res en tu hogar. La textura de la carne es suave y un poco cremosa si está bien cocida, casi que se derrite en tu boca. Las sobras (si las hay) son excelentes para hacer muchas cosas, incluidas tortas y flautas.

TIEMPO DE PREPARACIÓN:	TIEMPO DE COCCIÓN:	RINDE:
5 minutos	8 horas	6 a 8 porciones

1 lengua de res (900 g a 1.4 kilo/2 a 3 libras)

¼ de cebolla blanca mediana

4 dientes de ajo

1 hoja de laurel

Sal, al gusto

PARA ADORNAR Y SERVIR

Tortillas de maíz calientes

1 taza (40 g) de cilantro fresco picado

1 taza (115 g) de cebolla blanca picada

Salsa de tu elección

1. Enjuagar la lengua de res con agua y colocarla en una olla de cocción lenta (slow cooker). Agregar la cebolla, el ajo, la hoja de laurel y la sal, y suficiente agua para cubrir la carne. Tapar la olla y dejar a baja temperatura durante 8 horas. Cocinar hasta que esté suave. Si después de 8 horas la carne no está lo suficientemente suave como para desmenuzarla, cocinarla un poco más.

2. Retirar la lengua de res de la olla y colocarla en un plato grande (reservar ½ taza/120 ml del liquido de cocción). Con un cuchillo, hacer un corte a lo largo de la lengua, luego pelar y desechar la piel. Recortar cualquier tejido graso en la parte posterior de la lengua.

3. Desmenuzar la carne con dos tenedores y colocarla en un recipiente para servir. Agregar aproximadamente ½ taza (120 ml) del líquido de cocción (al que se le ha quitado la grasa y se ha colado) para mantener la carne húmeda.

4. Servir con las tortillas y colocar las guarniciones en platos para que todos armen sus propios tacos.

NOTAS

✳ *Para cocinar la lengua de res con una Instant Pot, preparar como se indica y cocinar por 45 minutos en la opción de olla a presión. Si se usa una olla a presión en la estufa, cocinar la lengua por 1 hora. Si se usa una olla común, cocinar la lengua durante 2½ a 3 horas a fuego medio-bajo.*

✳ *Cualquier barbacoa sobrante se conservará hasta 2 días en el refrigerador o 1 mes en el congelador.*

CHILES RELLENOS

Este platillo consiste de chiles poblanos que se rellenan, se cubren con una mezcla de huevo y luego se fríen. Algunos de los posibles rellenos son carne, queso, verduras, atún, camarones o champiñones. Un relleno muy común es el Picadillo (página 99), que se usa en esta receta. Hacer este platillo requiere algo de tiempo y habilidad en la cocina, pero vale la pena.

TIEMPO DE PREPARACIÓN:	TIEMPO DE COCCIÓN:	RINDE:
30 minutos	25 minutos	6 porciones

SALSA

570 g (20 onzas) de tomates Roma (aproximadamente 4 tomates)

¼ de cebolla blanca mediana entera, más ¼ de taza (30 g) de cebolla picada, cantidad dividida

2 dientes de ajo pequeños

4 tazas (950 ml/1 cuarto de galón) de agua, y más si es necesario

1 cucharada (15 ml) de aceite vegetal

½ cucharadita de sal

CHILES

6 chiles poblanos medianos

2½ tazas (500 g) de Picadillo (página 99)

1 taza (235 ml) de aceite vegetal, y más si es necesario, para freír los chiles rellenos

4 huevos grandes, separados

¾ taza (100 g) de harina de trigo de todo uso ½ cucharadita de sal

PARA SERVIR

Arroz blanco (página 130) o Arroz rojo (página 132)

1. Para hacer la salsa: Colocar los tomates, el cuarto de cebolla y el ajo en una olla grande y cubrir con agua. Colocar a fuego alto, tapar y llevar a ebullición. Reducir el fuego a lento y cocinar hasta que los tomates estén suaves y la piel se comience a desprender.

2. Colocar con cuidado los tomates cocidos, la cebolla y el ajo en una licuadora y licuar hasta que quede bien molida. Solo agregar unas pocas cucharadas (45 ml) de agua si la licuadora tiene dificultad para procesar los ingredientes.

3. Calentar el aceite en un sartén a fuego medio, luego agregar la cebolla picada restante y cocinar por unos 5 minutos, hasta que se vuelva transparente. Vaciar la salsa en el sartén através de un colador, luego revolver y sazonar con la sal. Cocinar de 6 a 8 minutos más a fuego muy lento. Dejar a un lado hasta servir los chiles rellenos.

4. Para hacer los chiles: Asar los chiles poblanos sobre una llama viva en su estufa a fuego medio-alto, volteándolos para que se asen uniformemente, de 8 a 10 minutos. Colocar los chiles asados en una bolsa de plástico y cerrarla, dejándolos cocinarse con su propio vapor durante 5 minutos. Retirar de la bolsa y quitar la piel carbonizada frotando con los dedos la superficie de los chiles. Con un cuchillo afilado, hacer un corte a lo largo de los chiles y retirar las semillas y las venas.

(continuado)

5. Con una cuchara, rellenar los chiles con el picadillo. No rellenarlos demasiado, o el relleno puede salirse del chile al freírlo.

6. Agregar el aceite a un sartén grande hasta que tenga 2 cm (¾ de pulgada) de profundidad y calentar a fuego medio-alto. Mientras el aceite se calienta, batir las claras de huevo con una batidora de mano en un tazón grande hasta que formen picos rígidos. Agregar lentamente las yemas de huevo, una por una, mientras se bate. Continuar batiendo hasta obtener una mezcla esponjosa.

7. Extender la harina en un plato grande y cubrir ligeramente cada chile, sacudiendo el exceso de harina. Una vez que todos los chiles estén cubiertos de harina, sumergirlos en la mezcla de huevo, y asegurarse de que estén bien envueltos en la mezcla.

8. Colocar con cuidado cada chile en el aceite caliente. No amontonarlos en el sartén. Freír cada lado de los chiles hasta que el exterior adquiera un color dorado intenso. Esto llevará unos minutos por lado. Usar una espátula grande para voltear con cuidado los chiles. Una vez que estén fritos, colocarlos en un plato o bandeja cubierta con toallas de papel para absorber el aceite.

9. Para servir, colocar unas 5 cucharadas (75 ml) de salsa de tomate en cada plato y luego colocar un chile relleno encima. Servir con el arroz.

NOTAS

- *No compres chiles poblanos grandes para esta receta, especialmente si es la primera vez que los preparas. No serán fáciles de manipular al freír, y además les falta sabor en comparación con los chiles más pequeños. Si puedes, compra chiles orgánicos, saben mejor.*
- *Puedes preparar el picadillo especialmente para estos chiles rellenos o puedes usar el picadillo sobrante.*
- *Guarda las sobras en un recipiente de plástico o vidrio en el refrigerador hasta por 2 días. Puedes recalentarlos en un microondas durante 2 minutos o en un horno convencional durante 10 minutos a 175°C (350°F). Puedes recalentar la salsa en la estufa o en el microondas durante 1 a 1½ minutos.*

MOLE POBLANO

El mole poblano es uno de los platillos más representativos de México y su gastronomía. La mezcla única de chiles, verduras, especias, semillas y chocolate lo convierten en un platillo rico y exótico que debes probar al menos una vez en la vida. La preparación de mole poblano en general es signo de una gran celebración. Aprendí a hacerlo cuando era muy joven gracias a una de mis tías que vive en el estado de Veracruz. Puedes usar este mole para cualquier receta que requiera mole.

TIEMPO DE PREPARACIÓN:	TIEMPO DE COCCIÓN	RINDE:
30 minutos	50 minutos	12 porciones

POLLO

1 pollo grande (2.7 a 3.2 kilos/6 a 7 libras), cortado en piezas

Aproximadamente 8 tazas (2 litros /2 cuartos de galón) de agua

1 cebolla pequeña, cortada en cuartos

4 dientes de ajo

1 ramita de cilantro fresco

1 ramita de perejil fresco

Sal, al gusto

MOLE

6 chiles mulatos

4 chiles anchos

6 chiles pasilla

4 tazas (950 ml/1 cuarto de galón) de caldo de pollo o agua

1 tableta de chocolate mexicano (aproximadamente 90 g/3.2 onzas)

¼ cucharadita de semillas de cilantro

½ cucharadita de semillas de anís

¾ taza (100 g) de semillas de ajonjolí

6 clavos de olor

½ cucharadita de granos de pimienta negra

1. Para hacer el pollo: Colocar todos los ingredientes en una olla grande a fuego medio-alto y llevar a ebullición. Reducir el fuego a lento, tapar y cocinar hasta que el pollo esté bien cocido, aproximadamente 35 minutos. Usar una cuchara para quitar la espuma que se formar en la superficie. Cuando el pollo esté listo, transferirlo a un tazón grande, taparlo y dejarlo a un lado. Colar y reservar el caldo en la olla; se usará para hacer el mole.

2. Para hacer el mole: Es importante tener todos los ingredientes listos para cocinar. Cortar los chiles a lo largo con unas tijeras de cocina o un cuchillo, quitarles las semillas y las venas y aplanarlos; esto ayudará a que el tostado sea uniforme. Reservar 1 cucharada (5 g) de las semillas de los chiles para usar en la salsa. Hervir a fuego lento el caldo de pollo reservado, para remojar todos los ingredientes del mole. Se agregarán los ingredientes a la olla después de tostarlos o freírlos. Remojarlos los hará más suaves y fáciles de moler.

3. En un sartén grande, tostar los chiles unos pocos a la vez, por ambos lados, presionándolos hacia abajo al voltearlos. Liberarán rápidamente su aroma. El proceso de tostado toma solo de 30 a 40 segundos, así que no dejar que los chiles se quemen. Colocar los chiles tostados y el chocolate en la olla con el caldo para que se remojen. Continuar tostando el resto de los chiles y colocarlos en el caldo.

4. Tostar por separado las semillas de chile, las semillas de cilantro, las semillas de anís, las semillas de ajonjolí, los clavos de olor y los granos de pimienta reservados (cada uno de estos ingredientes debe tostarse por separado). Reservar 2 cucharadas (16 g) de semillas de ajonjolí tostadas para decorar. Colocar todos los demás ingredientes tostados en la olla con el caldo de pollo.

(continuado)

½ taza de aceite vegetal (120 ml) o manteca de cerdo (120 g), cantidad dividida

⅓ taza (70 g) de uvas pasas

⅓ taza (45 g) de almendras enteras sin pelar

⅓ taza (50 g) de pepitas (semillas de calabaza) crudas

⅓ taza (35 g) de cacahuates (maníes)

1 rama de canela mexicana (4 cm de largo)

2 tomates medianos

3 dientes de ajo, sin pelar

½ cebolla blanca mediana, en rebanadas de 6 mm (¼ de pulgada) de grosor

1 tortilla de maíz

3 rebanadas pequeñas de pan (como una baguette francesa o un bolillo mexicano)

½ plátano macho maduro, pelado y cortado en rebanadas gruesas

Sal, al gusto

PARA SERVIR

Arroz blanco (página 130) o Arroz rojo (página 132), elaborado con chícharos (guisantes)

Tortillas de maíz calientes

5. Añadir 2 cucharadas de aceite (30 ml) o manteca de cerdo (30 g) en un sartén grande y freír por separado las uvas pasas, las almendras, las pepitas y los cacahuetes; sofreír las pasas hasta que inflen, las almendras hasta que estén bien doradas, las pepitas hasta que se hinchen (ojo, que tienden a explotar y saltar si se calientan demasiado) y los cacahuetes hasta que tengan un color dorado. Escurrir el exceso de grasa. Agregar estos ingredientes, junto con la rama de canela, a la olla con el caldo de pollo.

6. Freír los tomates y asar los dientes de ajo sin pelar en el sartén durante unos 5 minutos. Si se prefiere, se puede optar por asar o freír ambos ingredientes. Pelar el ajo y añadirlo al caldo junto con el tomate frito. Sofreír la cebolla hasta que esté dorada y colocarla en la olla. Freír la tortilla y el pan en trozos enteros hasta que estén crujientes y dorados. Solo agregar un poco más de aceite o manteca a la vez, o será absorbido por la tortilla y el pan. Agregar estos a la olla. Añadir el plátano al sartén y freírlo hasta que esté dorado, unos 3 minutos. Retirar y escurrir con una espumadera y transferirlo a la olla.

7. Una vez que estén todos los ingredientes fritos y tostados en la olla, estarán listos para ser procesados en una licuadora (se verá un poco desprolijo). Agregar ½ taza (120 ml) de caldo de pollo en la licuadora. Agregar gradualmente la mezcla a la licuadora con una chuchara y licuar bien, luego agregar otra ½ taza (120 ml) de caldo y continuar licuando gradualmente los ingredientes hasta obtener una mezcla tersa. Tratar de no agregar más líquido, a menos que la licuadora tenga problemas para moler los ingredientes. Asegurarse de liberar constantemente las cuchillas de la licuadora con una espátula de silicona para evitar que la licuadora se atasque. Se tendrá que hacer esto en 2 o 3 tandas hasta que todo esté hecho puré. Licuar la salsa una vez más para obtener una textura más tersa. Si el resultado final sigue siendo grueso, pasar toda la mezcla por un colador. Es posible que no se necesite colar la salsa si se utiliza una licuadora de alta potencia.

8. Agregar 2 cucharadas de aceite (30 ml) o manteca de cerdo (30 g) en una olla grande o en una cazuela de barro a fuego medio. Añadir el mole. Raspar el fondo de la olla con frecuencia con una cuchara de madera para evitar que el mole se pegue. Probar y sazonar con sal. Revolviendo constantemente, continuar cocinando el mole a fuego lento durante 12 a 15 minutos, hasta que esté espeso y se vuelva más oscuro. La mezcla burbujeará y chisporroteará, y se formarán charcos de aceite en la superficie.

9. Agregar el pollo cocido al mole caliente y cocinar a fuego lento hasta que el pollo se haya calentado bien, aproximadamente 10 minutos.

10. Para servir, colocar un trozo de pollo en un plato. Agregar una cantidad generosa de mole y espolvorear con las semillas de ajonjolí reservadas. Servir con el arroz y las tortillas.

NOTAS

* *Este mole no es muy picante, así que si quieres darle un poco más de picor, agrega 2 chiles chipotle secos o 2 chiles morita.*

* *Algunas recetas sugieren freír los chiles secos en lugar de tostarlos.*

* *Si el mole se vuelve demasiado espeso para tu gusto, agregar un poco de caldo de pollo para diluirlo.*

* *El mole se puede preparar el día anterior y refrigerar, y la salsa sobrante se puede guardar en el congelador durante aproximadamente 4 meses. Una vez recalentado, probablemente deba diluirse con un poco de caldo de pollo.*

SOPA DE ALBÓNDIGAS

Hay varias formas de hacer una sopa de albóndigas mexicana, y esta es una receta simple que a mi familia le encanta. Estas albóndigas se cuecen en un aromático caldo de tomate, condimentado con cilantro fresco.

TIEMPO DE PREPARACIÓN: 15 minutos	TIEMPO DE COCCIÓN: 35 minutos	RINDE: 6 porciones

CALDO

450 g (1 libra) de tomates (aproximadamente 3 tomates medianos)

¼ de cebolla blanca mediana

1 diente de ajo, sin pelar

¼ taza (60 ml) de agua, si es necesario

1 cucharada (15 ml) de aceite vegetal

6 tazas (1.5 litros/1½ cuartos de galón) de caldo de pollo

1 taza (115 g) de zanahoria en cubos grandes

1 taza (140 g) de papas en cubos grandes

1¼ tazas (225 g) de calabacita o calabacín en cubos grandes

½ taza (20 g) de cilantro fresco picado

Sal, al gusto

ALBÓNDIGAS

1 rebanada de pan de molde blanco (pan lactal)

¼ taza (60 ml) de leche entera

450 g (1 libra) de carne molida

1 diente de ajo, picado (o ⅓ de cucharadita de ajo en polvo)

6 granos de pimienta (o ½ cucharadita de pimienta molida)

1 huevo grande, batido

Sal, al gusto

PARA SERVIR

Arroz rojo (página 132) (opcional)

Tortillas de maíz calientes

1. Para hacer el caldo: Precalentar un comal o un sartén grande a fuego medio-alto, luego asar los tomates, la cebolla y el ajo. (Para asar cada verdura, consultar la página 16). Pelar el ajo y colocar las verduras asadas en una licuadora. Licuar hasta que esté tersa. Si los tomates no están lo suficientemente jugosos, agregar el agua.

2. Calentar el aceite en una olla grande a fuego medio-alto. Agregar la salsa y cocinar por unos 5 minutos, luego agregar el caldo de pollo. Cuando el caldo comience a hervir, reducir el fuego a lento.

3. Mientras tanto, hacer las albóndigas: En un tazón pequeño, remojar el pan con la leche hasta que se ablande. Colocar la carne molida en un tazón grande y hacer un hueco en el centro.

4. Moler el diente de ajo y los granos de pimienta en un molcajete (o utilizar las especias ya molidas). Agregar las especias molidas al hueco de la carne, junto con el pan remojado en la leche y el huevo batido. Sazonar con la sal. Mezclar suavemente la carne con los demás ingredientes con las manos o con una cuchara de madera. No mezclar demasiado o las albóndigas saldrán duras.

5. Formar albóndigas del tamaño de una pelota de golf con las manos humedecidas con agua fría, sin forzar ni ejercer demasiada presión sobre la carne. A medida que se forman, colocarlas con cuidado en el caldo de tomate que se está cocinando.

6. Agregar las zanahorias a la olla. Seguir formando las albóndigas (unas 12 en total), y ya que todas estén en el caldo, agregar las papas. Cocinar por 5 minutos más y agregar la calabacita, luego cocinar a fuego lento durante otros 10 a 12 minutos. Cinco minutos antes de que se termine de cocinar todo, agregar el cilantro y sazonar con sal.

7. Servir en tazones medianos, junto con el arroz (si se usa) y tortillas de maíz calientes.

NOTAS

✖ *Recomiendo usar carne molida 85% magra.*

✖ *Puedes agregar otros vegetales cortados en cubitos, como chayote y repollo, a esta sopa mientras se cocina a fuego lento en el paso 6.*

ALBÓNDIGAS EN CHIPOTLE

Esta es una de las formas más populares de comer albóndigas en México. El sabor levemente picante y ahumado de los chiles chipotle son la clave de este platillo. Si te gusta la comida picante, siempre puedes agregar más chiles chipotle.

TIEMPO DE PREPARACIÓN:	TIEMPO DE COCCIÓN:	RINDE:
20 minutos	25 minutos	6 porciones

ALBÓNDIGAS

2 cucharadas (30 ml) de leche entera

1 rebanada de pan de molde blanco (pan lactal)

450 g (1 libra) de carne molida

1 huevo

Sal y pimienta, al gusto

1 diente de ajo, picado, o ½ cucharadita de ajo en polvo

SALSA DE CHIPOTLE

3 tomates grandes, picados

1 o 2 chiles chipotle en adobo (de lata), dependiendo del picante que se prefiera

1½ cucharadas (22 ml) de aceite vegetal

¼ taza (30 g) de cebolla blanca finamente picada

2 dientes de ajo, picados

½ taza (120 ml) de caldo de pollo o agua, si es necesario

Sal y pimienta, al gusto.

PARA ADORNAR Y SERVIR

Perejil o cilantro fresco picado

Arroz rojo (página 132)

Ensalada verde a elección

1. Para hacer las albóndigas: Colocar la leche y el pan en un tazón grande y triturar el pan hasta que quede suave. Agregar la carne molida, junto con el huevo, la sal, la pimienta y el ajo. Amasar los ingredientes con las manos hasta que estén bien combinados.

2. Formar 16 albóndigas (de aproximadamente 4 cm/1½ pulgadas de tamaño) con las manos humedecidas con agua fría.

3. Para hacer la salsa de chipotle: Colocar los tomates y los chiles chipotle (sin adobo) en una licuadora y licuar hasta que quede tersa.

4. Calentar el aceite en una olla grande a fuego medio-alto. Agregar la cebolla y cocinar hasta que esté transparente, aproximadamente 5 minutos. Agregar el ajo, revolver y continuar cocinando por otros 3 minutos. Agregar la salsa de chipotle y cocinar a fuego lento durante 5 minutos. Si los tomates no están lo suficientemente jugosos y la salsa se seca, agregar aproximadamente 1/3 de taza (80 ml) de caldo de pollo o de agua.

5. Agregar las albóndigas a la olla, tapar y cocinar a fuego lento durante 10 minutos. Sazonar la salsa con sal y pimienta, luego continuar cocinando a fuego lento, sin tapar, por 10 minutos más. Si la salsa está demasiado liquida, retirar las albóndigas ya cocidas y seguir cocinando la salsa a fuego lento hasta lograr el espesor deseado. Se pueden envolver las albóndigas en papel de aluminio y colocarlas en un horno tibio a baja temperatura mientras se cocina la salsa.

6. Servir en tazones medianos adornados con el perejil o el cilantro, junto con el arroz y la ensalada.

NOTAS

✖ *Recomiendo usar carne molida 85% magra.*

✖ *A muchos cocineros les gusta rellenar las albóndigas con un pequeño trozo de huevo duro o queso, o incluso un poco de chile serrano. Para hacer esto, presionar el huevo (u otro relleno) en la albóndiga cuando la formes en el paso 2, luego sellarla formando la albóndiga nuevamente entre tus manos.*

CALABACITAS CON PUERCO

Este es un platillo muy querido en muchos hogares y, de alguna manera, la combinación de carne de cerdo con verduras lo convierte en una comida sencilla pero memorable. En México, las calabacitas se utilizan en muchas sopas, guisos y otros tipos de platillos. Si no puedes encontrarlas, puedes usar calabacín y aún quedará delicioso. Este platillo a veces se llama "calabacitas con puerco y elote", porque también contiene elote. Algunos cocineros no le agregan elote al guiso, y otros lo hacen con una salsa diferente (se puede hacer con una salsa roja o verde).

TIEMPO DE PREPARACIÓN:	TIEMPO DE COCCIÓN:	RINDE:
10 minutos	55 minutos	6 porciones

900 g (2 libras) de carne de cerdo, cortada en cubos de 2.5 cm (1 pulgada)

1 taza (235 ml) de agua

1 hoja de laurel

2 cucharadas (30 ml) de aceite vegetal

1 taza (115 g) de cebolla blanca o roja picada (aproximadamente ½ cebolla mediana)

2 dientes de ajo, picados

2 chiles jalapeños, cortados en cuadritos

1 taza (140 g) de granos de elote (o elote enlatado, escurrido o congelado, descongelado)

2 calabacitas o calabacines medianos, cortados en cubos de 13 mm (½ pulgada)

450 g (1 libra) de tomates, cortados en cuadritos

1 ramita de cilantro fresco

¼ cucharadita de comino molido

Sal y pimienta, al gusto

PARA SERVIR

Arroz rojo (página 132)

Tortillas de maíz calientes

1. Colocar la carne en un sartén grande con el agua y la hoja de laurel. Tapar y cocinar a fuego medio durante 20 minutos. Si queda algo de líquido de la cocción de la carne, reservar y dejar a un lado.

2. Agregar el aceite al sartén y cocinar la carne a fuego medio-alto hasta que esté ligeramente dorada, revolviendo ocasionalmente para evitar que se pegue al sartén, de 3 a 4 minutos.

3. Agregar la cebolla, el ajo y los jalapeños al sartén. Cocinar por 3 minutos, revolviendo ocasionalmente, hasta que se ablanden. Agregar el elote y cocinar por otros 3 minutos. Agregar la calabacita y mezclar bien. Continuar cocinando durante 5 minutos más.

4. Agregar los tomates y el líquido de cocción reservado, junto con el cilantro y el comino molido. Reducir el fuego a lento, tapar y cocinar hasta que la carne de cerdo y las verduras estén tiernas, aproximadamente 20 minutos. Condimentar con sal y pimienta.

5. Servir en platos con el arroz y las tortillas.

NOTAS

✖ *Puedes sustituir la carne de cerdo por piernas y muslos de pollo.*

✖ *Si la carne de cerdo produce algo de grasa, puedes usar 2 cucharadas (30 g) de ésta en lugar del aceite vegetal en el paso 2.*

✖ *A algunos cocineros les gusta condimentar este guiso con orégano mexicano en lugar de cilantro, mientras que otros prefieren epazote o menta mexicana.*

CARNE CON PAPAS

Considerada una comida reconfortante por muchos, la carne con papas es una deliciosa mezcla de carne y papas cocinada a fuego lento en una rica salsa de tomate. Esta es otra receta que me recuerda a mi madre. Cuando éramos pequeños tuvo que encontrar formas de alimentar a su gran familia con un presupuesto ajustado, por lo que incorporó papas en muchos de sus platillos, incluidos guisos como este. La carne con papas es un excelente ejemplo de una comida llenadora hecha con ingredientes simples y económicos.

TIEMPO DE PREPARACIÓN:	TIEMPO DE COCCIÓN:	RINDE:
15 minutos	45 minutos	6 porciones

680 g (1½ libras) de carne de res, cortada en cubos de 4 cm (1½ pulgadas)

Sal y pimienta, al gusto

2 cucharadas (30 ml) de aceite vegetal

4 tomates grandes, picados

½ taza (60 g) de cebolla blanca picada

2 dientes de ajo

1 taza (235 ml) de caldo de pollo, y más si es necesario

2 papas grandes, cortadas en cubos de 2.5 cm (1 pulgada)

2 chiles serranos

½ taza (20 g) de cilantro fresco picado

PARA SERVIR

Arroz rojo (página 132) o Arroz blanco (página 130)

Tortillas de maíz calientes

1. Sazonar la carne con sal y pimienta. Calentar el aceite en un sartén grande u olla a fuego medio-alto. Agregar los cubos de carne al sartén y cocinar hasta que estén dorados por todos lados, aproximadamente 10 minutos.

2. Mientras se cocina la carne, colocar los tomates, la cebolla, el ajo y el caldo de pollo en una licuadora. Licuar hasta que esté una salsa tersa.

3. Vaciar esta salsa en el sartén con la carne a través de un colador. Reducir el fuego a lento y cocinar, tapado, durante unos 20 minutos. Agregar más caldo si la salsa está demasiado espesa.

4. Agregar las papas y los chiles y continuar cocinando hasta que la carne y las papas estén suaves, aproximadamente 15 minutos, revolviendo continuamente durante todo el proceso de cocción. Justo antes de servir, agregar el cilantro y sazonar con sal y pimienta.

5. Servir en platos con el arroz y las tortillas.

NOTAS

✳ *En lugar de agregar los chiles serranos al guiso con las papas en el paso 4, los chiles se pueden mezclar con la salsa en el paso 2, si quieres que el guisado quede un poco picante.*

✳ *En lugar del cilantro, puedes usar hierbas como orégano, una hoja de laurel o tomillo.*

ASADO DE PUERCO

Este es un guiso popular hecho con trozos de carne de cerdo que se cuecen hasta que estén suaves en una deliciosa salsa hecha con chiles secos y varias especias. Es común en los estados del norte de México, y en las zonas rurales, a veces se hace para cumpleaños y bodas (también se lo conoce como "asado de boda"). Todavía recuerdo la primera vez que probé este platillo en casa de una de mis tías, donde lo sirvió en tacos de tortilla de harina y los acompañó con Salsa verde (página 125).

TIEMPO DE PREPARACIÓN:	TIEMPO DE COCCIÓN:	RINDE:
20 minutos	1 hora 10 minutos	6 porciones

900 g (2 libras) de paleta de cerdo deshuesada, cortada en cubos de 4 cm (1½ pulgada)

2 cucharadas de aceite vegetal (30 ml) o manteca de cerdo (30 g)

4 chiles anchos

4 chiles guajillo

1¼ tazas (300 ml) de agua, dividida, y más según sea necesario

3 dientes de ajo

8 granos de pimienta negra

1 cucharadita de orégano mexicano seco

2 clavos de olor

2 hojas de laurel

½ cucharadita de semillas de comino

13 mm (½ pulgada) de canela en rama

½ cucharadita de tomillo seco

2 cucharadas (30 ml) de vinagre

⅛ de hueso de aguacate (opcional)

Sal, al gusto

PARA SERVIR

Arroz rojo (página 132)

Frijoles de la olla (hechos con frijoles bayos o pintos) (página 138)

Tortillas de maíz calientes (opcional)

1. Colocar los trozos de cerdo en una olla grande y agregar suficiente agua para cubrir la carne. Cocinar a fuego medio-alto hasta que la carne esté tierna y el agua se haya evaporado, de 45 a 50 minutos. Si la carne aún no está blanda y tierna, agregar más agua y continuar cocinando. Una vez que la carne de cerdo esté lista, agregar el aceite y continuar cocinando a fuego medio hasta que la carne esté ligeramente dorada.

2. Mientras se cocina la carne de cerdo, precalentar un comal o un sartén grande a fuego medio-alto. Cortar los chiles ancho y guajillo a lo largo y quitarles las semillas y las venas. Asar ligeramente los chiles bien abiertos en el sartén durante 30 a 40 segundos, luego retirarlos enseguida. Colocar los chiles en un tazón y llenar con suficiente agua caliente para cubrirlos. Dejar en remojo durante unos 20 minutos. Escurrir bien.

3. Agregar ¾ de taza (180 ml) de agua a una licuadora, luego añadir la mitad de los chiles, junto con el ajo, los granos de pimienta, el orégano, el clavo, las hojas de laurel, el comino, la rama de canela, el tomillo, el vinagre y el trozo del hueso de aguacate (si se usa). Licuar durante al menos 1 minuto, hasta que quede tersa. Agregar la ½ taza (120 ml) restante de agua y licuar durante unos segundos más para mezclar bien. Agregar los chiles restantes, poco a poco, y licuar hasta que quede tersa, agregando más agua según sea necesario.

4. Colar la salsa y agregarla a la olla con la carne dorada. Agregar más agua según sea necesario y sazonar con sal. Seguir revolviendo hasta que la salsa tenga una consistencia espesa, aproximadamente 15 minutos.

5. Servir en platos con el arroz y los frijoles, con las tortillas (si se usan) a un lado.

NOTAS

✖ El hueso de aguacate le da un poco de espesor a la salsa, así como un toque de sabor agrio.

✖ A algunos cocineros les gusta agregar un pedacito de piel de naranja al guiso para darle más sabor.

✖ Si tienes una licuadora de alta potencia, puedes procesar la salsa en el paso 3 de una vez, vertiendo 2 tazas (475 ml) de agua en la licuadora junto con los chiles y las especias.

MILANESA DE RES

Las milanesas son una de las comidas favoritas de los niños, más aún si las sirves con papas fritas o espagueti. Una comida reconfortante, este es un platillo que casi siempre encontrarás servida en las fondas locales y pequeños restaurantes llamados económicas", donde la gente va a comer la comida del mediodía. Por lo general, ofrecerán milanesas de carne de res o pollo. Esta receta es la forma en que mi madre hacía filetes de res empanizados, sazonándolos con ajo y pimienta recién molidos. También prefería usar galletas saladas para el empanizado.

TIEMPO DE PREPARACIÓN: 15 minutos	TIEMPO DE COCCIÓN: 20 minutos	RINDE: 6 porciones

2 dientes de ajo, picados

½ cucharadita de granos de pimienta negra

1 cucharada (15 ml) de agua

2 huevos

2 tazas (230 g) de pan rallado seco o galletas saladas molidas

Sal, al gusto

680 g (1½ libras) de bistecs delgados (6 filetes)

Aceite vegetal, para freír

PARA SERVIR

Papas fritas a elección

Ensalada verde a elección

1. Moler el ajo y los granos de pimienta en un molcajete o picar finamente el ajo y usar un molinillo de pimienta para los granos de pimienta negra (o se puede usar ½ cucharadita de pimienta molida). Agregar el agua a los ingredientes molidos para formar una pasta.

2. En un tazón grande, batir ligeramente los huevos, luego agregar la mezcla de ajo y pimienta. Batir de nuevo.

3. En un plato grande, extender el pan molido mezclado con la sal (se usa sal solo si se usa pan molido normal; no agregar si se usa galletas saladas) y tenga otro plato listo para colocar los bistecs después de empanizar (yo uso papel encerado para cubrir el segundo plato para facilitar la limpieza posterior).

4. Para el proceso de empanizado, sumergir un bistec en la mezcla de huevo. Con unas tenazas de cocina, coloca el bistec en el pan molido, luego voltearlo para cubrir ambos lados. Al empanizar, darle palmaditas suaves al bistec para asegurarse de que el empanizado se adhiera al bistec. Si es necesario, voltear el bistec nuevamente para obtener una capa uniforme. Colocar el bistec empanizado en el plato preparado. Repetir este proceso con los bisteces restantes.

5. Calentar ½ pulgada (13 mm) de aceite en un sartén grande a fuego medio-alto. Asegurarse de que el aceite esté caliente antes de agregar los bistecs. Freír los bistecs durante unos 3 minutos por lado, hasta que estén bien cocidos y dorados por todas partes. Colocar los bistecs en un plato con toallas de papel para absorber el exceso de aceite.

6. Servir las milanesas con las papas fritas calientes y la ensalada.

* *También puede usar filetes de sirloin, pollo o cerdo para hacer las milanesas; solo asegúrate de aplanarlos hasta que queden bien delgados.*

* *En México, las milanesas se suelen vender en algunas carnicerías o supermercados ya empanizadas listas para freír. También puedes encontrarlas en los Estados Unidos en la sección de carnes de algunas tiendas latinas.*

* *Yo suelo congelar milanesas ya empanizadas (crudas) para cocinar después. Se mantendrán hasta 6 semanas en el congelador y deben descongelarse antes de freír.*

CAMARONES EN CHIPOTLE

Este platillo, también llamado "camarones a la diabla", se puede preparar con otros tipos de chiles, como puya o de árbol. Debido a que esta receta usa camarones, es mejor tener todos los ingredientes preparados antes de agregar los camarones, ya que tienden a cocinarse rápidamente.

TIEMPO DE PREPARACIÓN:	TIEMPO DE COCCIÓN:	RINDE:
15 minutos	25 minutos	4 porciones

450 g (1 libra) de camarones crudos (alrededor de 16 camarones grandes), limpios y desvenados

1 cucharada (15 ml) de jugo de limón

Sal y pimienta, al gusto

2 tomates medianos

1 diente de ajo

2 chiles chipotle en adobo (de lata)

2 cucharadas (30 ml) de aceite de oliva, divididas

⅓ taza (40 g) de cebolla blanca finamente picada

¼ cucharadita de tomillo seco

PARA ADORNAR Y SERVIR

Arroz blanco (página 130)

Perejil o cilantro fresco picado

NOTA

Puedes agregar ¼ taza (60 ml) de vino blanco a la salsa y luego dejar que la salsa se reduzca un poco más. Si optas por hacer esto, agrega el vino cuando agregues el tomillo y la sal en el paso 5, justo antes de agregar los camarones a la salsa.

1. En un tazón grande, combinar los camarones con el jugo de limón y sazonar con sal y pimienta. Dejar reposar 15 minutos para que se marinen.

2. Precalentar un comal o un sartén grande a fuego medio-alto. Asar los tomates en el sartén, volteándolos cada 2 minutos aproximadamente, para permitir que se asen uniformemente, durante un total de 8 minutos. Combinar los tomates asados, el ajo y los chiles chipotle en una licuadora, junto con un poco de la salsa de adobo de los chiles. Licuar hasta que quede una salsa tersa, luego reservar.

3. Calentar 1 cucharada (15 ml) de aceite en un sartén grande a fuego medio-alto. Agregar la cebolla y los camarones (sin los jugos marinados). Cocinar ligeramente los camarones, volteándolos rápidamente para evitar que se cocinen demasiado, aproximadamente 4 minutos (los camarones continuarán cocinándose en el paso 5). Transferir los camarones a un plato y reservar.

4. Agregar la cucharada (15 ml) de aceite restante al sartén. Añadir la salsa de tomate, revolviendo constantemente para evitar que se pegue al fondo del sartén. Cocinar a fuego lento durante unos 10 minutos.

5. Agregar el tomillo y sazonar con sal, luego agregar los camarones y cocinar por 2 minutos más (no cocinar demasiado los camarones o tendrán una textura gomosa).

6. Servir sobre el arroz blanco y espolvorear con el perejil picado o el cilantro.

BISTEC A LA MEXICANA

El bistec a la mexicana es una comida fácil de preparar. Consiste en puntas de filete de res cocidas en una rica salsa elaborada con tomate, cebolla, ajo y chiles serranos que va divinamente con la carne suave. Los platillos se llaman "a la mexicana" cuando usan una combinación de tomates, chiles y cebollas, porque sus colores representan los de la bandera mexicana (verde, blanco y rojo). Esta receta solo requiere unos pocos ingredientes y poco tiempo para preparar. Este guisado, junto con el Picadillo (página 99), es una de mis comidas favoritas cuando tengo prisa.

TIEMPO DE PREPARACIÓN: 15 minutos más 1 hora de tiempo de marinado	**TIEMPO DE COCCIÓN:** 25 minutos	**RINDE:** 6 porciones

½ cucharadita de granos de pimienta negra

¼ cucharadita de semillas de comino (opcional)

2 dientes de ajo

900 g (2 libras) de puntas de lomo de res

Sal, al gusto

2 cucharadas (30 ml) de aceite vegetal o de oliva

½ cebolla blanca mediana, picada

4 chiles serranos picados

4 tomates grandes, picados

PARA SERVIR

Arroz rojo (página 132)

Frijoles bayos cremosos (página 140)

Tortillas calientes de maíz o harina (opcional)

Pan crujiente caliente (baguette francesa o bolillos mexicanos crujientes) (opcional)

1. Usando un molcajete, moler los granos de pimienta negra con el comino (si se usa). Agregar el ajo, triturarlo y seguir moliendo para formar una pasta con las especias.

2. En un tazón grande agregar las puntas de res y la pasta de las especias y mezclar. Agregar la sal y marinar durante al menos 1 hora en el refrigerador
(si se tiene poco tiempo, de 10 a 15 minutos será suficiente).

3. Calentar el aceite en un sartén grande a fuego medio-alto. Agregar la cebolla y cocinar por unos 3 minutos, luego agregar las puntas de res marinadas. Cocinar hasta que la carne esté ligeramente dorada, unos 8 minutos.

4. Agregar los chiles serranos y cocinar por 2 minutos más, luego agregar los tomates y sazonar con sal. Cocinar por unos 12 minutos más, hasta que la salsa espese y la carne esté suave.

5. Servir este platillo con arroz, frijoles y tortillas (si se usa) o pan crujiente (si se usa).

NOTAS

✖ *También puedes utilizar otros cortes de carne para este guiso, como ribeye, sirloin y diezmillo. Los tiempos de cocción variarán porque cada corte tiene una consistencia diferente.*

✖ *Te puede tentar usar ajo en polvo y pimienta negra molida en lugar de las versiones frescas, pero te aseguro que usar los ingredientes frescos hará un platillo increíblemente más sabroso.*

CHICHARRÓN EN SALSA VERDE

Este es un guisado muy popular en México. Es genial por sí solo, pero también se usa como relleno para gorditas, tacos y, a veces, incluso tortas. Puedes encontrarlo en prácticamente cualquier ciudad, en una variedad de restaurantes, cafeterías y mercados. En mi casa nos gusta disfrutar de este platillo servido en un tazón con frijoles bayos. Así lo pedíamos mi esposo y yo en un restaurante antiguo que visitábamos cuando vivíamos en Toluca, cerca de la Ciudad de México.

TIEMPO DE PREPARACIÓN:	TIEMPO DE COCCIÓN:	RINDE:
15 minutos	30 minutos	4 porciones

340 g (12 onzas) de tomatillos (aproximadamente 8 tomatillos medianos), sin cáscara

2 chiles serranos o 1 chile jalapeño

1 diente de ajo

⅛ de cebolla blanca mediana entera más ¼ finamente picada, cantidad dividida

4 tazas (950 ml/1 cuarto de galón) de agua, cantidad dividida

1 cucharada (15 ml) de aceite vegetal

2 tazas (30 g) de chicharrones, en trozos pequeños

Sal, al gusto

PARA SERVIR

Tortillas de maíz calientes

Frijoles bayos (o pintos) cocidos

1. Colocar los tomatillos, los chiles, el ajo y ⅛ de cebolla en una olla grande. Cubrir con 4 tazas 950 ml (1 cuarto de galón) de agua, subir el fuego a alto y llevar a ebullición. Reducir el fuego a lento y cocinar unos 15 minutos, hasta que los tomatillos estén cocidos.

2. Dejar que los ingredientes de la olla se enfríen, luego transferirlos a una licuadora con 2 tazas (475 ml) del agua de cocción y licuar hasta que quede tersa. No agregar más agua.

3. Calentar el aceite en un sartén grande a fuego medio-alto. Agregar el ¼ de cebolla picada restante y cocinar, sin dorar, hasta que esté suave, aproximadamente 2 minutos. Agregar la salsa y cocinar a fuego alto, revolviendo de vez en cuando, hasta que la salsa se reduzca y espese, aproximadamente 6 minutos.

4. Agregar los chicharrones y sazonar con la sal. Continuar cocinando a fuego medio hasta que los chicharrones estén más suaves. Esto tomará de 10 a 12 minutos, dependiendo del grosor y la frescura del chicharrón. La grasa del chicharrón subirá hasta la superficie de la salsa. Si se prefiere que la salsa sea más líquida, agregar más agua, aproximadamente ½ taza (120 ml), mientras se cocina.

5. Servir con las tortillas y los frijoles.

NOTA

Guarda las sobras en el refrigerador hasta por 2 días.

DISCADA NORTEÑA

En los estados del norte de México, a la gente le encanta asar sus carnes a la parrilla. Durante el tiempo que viví allí, no hubo un solo fin de semana sin oler el aroma del carbón de mezquite quemado al abrir la puerta. La parrillada comenzaba el viernes por la tarde y duraba todo el fin de semana. Este platillo está elaborado con varias carnes en una rica salsa a base de tomate. Se llama "discada" porque originalmente se hacía en un disco de arado de metal. El agujero en el centro se soldaba para cerrarlo y, una vez que se curaba el disco, se podía usar para cocinar, de manera similar a un wok. Hoy en día, puedes encontrar sartenes de disco a la venta en muchas tiendas y mercados en todo México, así como en algunas partes de los Estados Unidos.

TIEMPO DE PREPARACIÓN:	TIEMPO DE COCCIÓN:	RINDE:
15 minutos	40 minutos	6 porciones

2 cucharadas de aceite vegetal (30 ml) o manteca de cerdo (30 g)

2 rebanadas gruesas de tocino, cortadas en cubitos

1 chorizo (aproximadamente 55 g / 2 onzas), desmenuzado

225 g (8 onzas) de carne de cerdo, cortada en cubos pequeños

450 g (1 libra) de ribeye o diezmillo, cortado en cubos pequeños

1 taza (115 g) de cebolla blanca picada

1 pimiento verde, sin semillas, sin venas y cortado en cubitos

2 chiles serranos, cortados en cubitos

2 salchichas, cortadas en trozos pequeños

900 g (2 libras) de tomates frescos picados

1 taza (235 ml) de cerveza clara o de tu preferencia, a temperatura ambiente

Sal y pimienta, al gusto

⅓ taza (13 g) de cilantro fresco picado

1. Calentar el aceite en un sartén grande a fuego medio-alto. Agregar el tocino y cocinar hasta que esté crujiente. Retirar el tocino de el sartén y colocarlo en un plato con toallas de papel para absorber el exceso de grasa.

2. En el mismo sartén, cocinar el chorizo de 5 a 6 minutos. Retirarlo del sartén y colocarlo en el mismo plato que el tocino.

3. Agregar la carne de cerdo al sartén y cocinar por unos 7 minutos, luego retirarlo del sartén y colocarlo en un plato separado de las otras carnes cocidas. No preocuparse si todavía no parece estar cocinado; terminará de cocinarse con el resto de los ingredientes más adelante.

4. Agregar la carne al sartén y cocinar por 8 minutos. Retirar y colocar con las carnes cocidas.

5. Agregar la cebolla, el pimiento verde y el chile serrano al sartén y cocinar por unos 3 minutos. Agregar la carne cocida, las salchichas y los tomates. Cocinar unos 10 minutos más (para entonces, los tomates comenzarán a liberar su jugo).

6. Agregar la cerveza, sazonar con sal y pimienta y tapar. Continuar cocinando por otros 5 minutos hasta que todas las carnes estén tiernas y bien cocidas. Justo antes de servir, agregar el cilantro picado.

7. Servir en tazones medianos, junto con el guacamole, los frijoles y las tortillas de guarnición.

PARA SERVIR

Guacamole (página 129) o aguacate en rebanadas (opcional)

Frijoles a elección

Tortillas de harina

Guacamole (página 129)

NOTAS

✖ Por lo general, preparo este platillo en la estufa de mi cocina, pero si lo puedes preparar sobre una parrilla de carbón, los sabores serán aún mejores.

✖ Esta receta es una excelente manera de reutilizar las carnes sobrantes que tengas de tu carne asada del fin de semana, lo cual le agregará ese sabor ahumado adicional a este platillo.

✖ Además de las salchichas, también puedes agregar otros tipos de embutidos, incluyendo los ahumados.

ENTOMATADAS

Esta es otra receta de mi mamá, una persona que siempre le gusta ofrecer algo de comer a las visitas. Entomatadas es uno de sus platillos favoritos que le gustaba hacer a sus hijos, ya que son muy fáciles de hacer. El proceso es similar al de hacer enchiladas. Las entomatadas son tortillas de maíz dobladas (o enrolladas) con queso en medio y bañadas en salsa de tomate.

TIEMPO DE PREPARACIÓN:	TIEMPO DE COCCIÓN:	RINDE:
10 minutos	30 minutos	6 porciones

680 g (1½ libras) de tomates

1 chile serrano

2 dientes de ajo pequeños

¾ taza (90 g) de cebolla blanca finamente picada, cantidad dividida

225 g (8 onzas) de queso fresco o queso ranchero, desmoronado

4 cucharadas (60 ml) de aceite vegetal, divididas

Sal, al gusto

12 tortillas de maíz

NOTAS

* *Yo le agrego un chile serrano a la salsa porque así lo hacía mi mamá. Puedes omitir el chile si lo deseas.*

* *Puedes calentar las tortillas en un sartén en lugar de freírlas.*

1. Colocar los tomates, el chile serrano y el ajo en una olla y cubrirlos con agua. Cocinar a fuego medio durante 15 a 20 minutos, hasta que los ingredientes estén cocidos.

2. En un tazón mediano, combinar ¼ taza (30 g) de cebolla con el queso desmoronado y reserve.

3. Colocar los tomates cocidos, el chile y el ajo en una licuadora y licuar hasta que quede tersa. Dejar de lado.

4. Calentar 1 cucharada (15 ml) de aceite en un sartén grande a fuego medio-alto. Agregar la ½ taza (60 g) restante de cebolla y cocinar hasta que esté transparente y ligeramente dorada, aproximadamente 5 minutos.

5. Agregar la salsa de tomate al sartén y cocinar por unos 2 minutos más. Sazonar con sal, luego reducir el fuego a lento y cocinar durante 6 a 8 minutos.

6. En un sartén grande aparte, calentar las 3 cucharadas (45 ml) de aceite restantes a fuego medio y freír brevemente las tortillas, una por una, aproximadamente 30 segundos cada una. Colocarlas en un plato con toallas de papel para absorber el exceso de aceite.

7. Sumergir una tortilla frita en la salsa de tomate tibia en el otro sartén. Voltear la tortilla para cubrir ambos lados con la salsa de tomate. Colocar la tortilla en un plato grande y vaciar un poco de la mezcla de cebolla y queso sobre ella. Doblar la tortilla por la mitad para formar la entomatada. Repetir este proceso con las tortillas restantes y el relleno.

8. Para servir, vaciar un poco de la salsa sobrante sobre las entomatadas y adornar con más mezcla de cebolla y queso.

EMPANADAS DE QUESO

Estas empanadas sencillas están hechas con una receta del estado de Tabasco, en la costa del golfo de México. Son una comida sin carne perfecta para fiestas o reuniones grandes. Una cosa de esta receta que algunas personas pueden encontrar peculiar es la adición de azúcar al relleno de queso. Puede parecer extraño al principio, pero el equilibrio entre la dulzura del azúcar y lo salado del queso y la masa de maíz lo convierte en un bocado delicioso.

TIEMPO DE PREPARACIÓN:	TIEMPO DE COCCIÓN:	RINDE:
20 minutos	20 minutos	12 empanadas

1½ tazas (180 g) de harina de maíz

1¼ tazas (300 ml) de agua tibia, y más si es necesario (ver Notas)

¼ cucharadita de sal

½ taza (120 ml) de aceite vegetal, para freir las empanadas

2 tazas (225 g) de queso fresco, frío y desmoronado

4 cucharaditas de azúcar

PARA ADORNAR Y SERVIR

2 tazas (120 g) de repollo verde o lechuga picada

1 cucharada (15 ml) de jugo de limón

¼ de cebolla mediana, en rebanadas

1 tomate Roma, en rebanadas

Salsa picante, al gusto

¼ taza (30 g) de queso Cotija o queso fresco rallado

1. Mezclar la harina de maíz el agua tibia y la sal en un tazón grande. Amasar bien hasta que la masa esté tersa y suave. Dividir la masa en 12 bolas de igual tamaño y cubrirlas con una toalla de tela húmeda.

2. Calentar el aceite en un sartén grande a fuego medio-alto.

3. Para hacer el relleno de las empanadas, combinar el queso fresco con el azúcar en un tazón mediano.

4. Para formar las empanadas, colocar una bola de masa entre dos láminas de plástico cortadas de una bolsa para congelador (ver foto en la página 18) en una prensa para tortillas. Presionar hacia abajo la prensa para tortillas para formar un círculo, luego retirar la hoja de plástico superior. Colocar 2 cucharadas (15 g) de la mezcla de queso y azúcar en el centro del círculo. Con la ayuda de la lámina de plástico inferior, doblar el círculo por la mitad y sellar bien los bordes. (Es importante sellar bien los bordes, porque si el relleno se sale al freír, puede hacer que el aceite salpique.) Repetir este proceso con el resto de las bolas de masa y relleno, mientras se fríen las empanadas formadas.

5. Poner una empanada en el aceite caliente y cocinar hasta que el fondo esté dorado, luego voltearla para cocinar el otro lado, aproximadamente 2 minutos por lado (se puede freír más de una a la vez; pero no sobrecargar el sartén). Retirar del sartén y colocar en un plato con toallas de papel para absorber el exceso de aceite. Seguir friendo el resto de las empanadas.

6. Justo antes de servir, mezclar el repollo con el jugo de limón en un tazón. Servir las empanadas terminadas con el repollo, la cebolla y el tomate en rebanadas, un chorrito de salsa y una pizca de queso.

NOTAS

✖ *Si gustas hacer esta receta con masa fresca de maíz nixtamalizado, vas a necesitar 480 g de masa.*

✖ *Asegúrate de que el queso fresco para el relleno esté frío. Esto evitará que se derrita con demasiada facilidad y se salga de las empanadas al freírlas.*

✖ *Es posible que necesites agregar un par de cucharadas más (30 ml) de agua mientras amasas la masa para que tenga una textura manejable y suave. La cantidad necesaria dependerá de si vives en un ambiente húmedo o seco.*

✖ *Las empanadas se pueden refrigerar hasta por 3 días y congelar hasta por 6 semanas. Para recalentar, descongelar completamente y calentar en un comal o un sartén, volteándolas una vez, hasta que se calienten, unos 10 minutos. También se pueden recalentar en un horno a 175°C (350°F) durante 15 minutos.*

EMPANADAS DE CARNE MOLIDA

Puedes comer empanadas de maíz en cualquier momento del día, pero la mayoría de los mexicanos prefieren comerlas a la hora del desayuno o la cena. Las variedades de rellenos para empanadas de masa de maíz son infinitas e incluyen el clásico relleno de queso, pollo desmenuzado, carne molida de res o cerdo, champiñones, flores de calabaza, Picadillo (página 99) e incluso pescado y camarones. También puedes crear tus propias empanadas únicas con las sobras de la cena de la noche anterior.

TIEMPO DE PREPARACIÓN:	TIEMPO DE COCCIÓN:	RINDE:
30 minutos	30 minutos	12 empanadas

RELLENO

450 g (1 libra) de carne molida

Sal y pimienta, al gusto

1 cucharada (15 ml) de aceite vegetal

¼ taza (30 g) de cebolla blanca finamente picada

2 dientes de ajo pequeños, picados

¾ taza (125 g) de tomate cortado en cubitos

2 cucharadas (6 g) de cilantro fresco picado

MASA

1½ tazas (180 g) de harina de maíz

1¼ tazas (300 ml) de agua tibia, y más si es necesario (ver Notas)

¼ de cucharadita de sal

½ taza (120 ml) de aceite vegetal, para freír las empanadas

PARA ADORNAR Y SERVIR

2 tazas (120 g) de repollo verde o lechuga picada

¼ de cebolla mediana, en rebanadas

1 tomate Roma, en rebanadas

Salsa picante, al gusto

1. Para hacer el relleno: Sazonar la carne molida con sal y pimienta. Calentar el aceite en un sartén grande a fuego medio-alto, luego agregar la cebolla y cocinar por 2 minutos. Agregar el ajo y cocinar por 1 minuto más. Agregar la carne molida al sartén y aumentar a fuego alto. Cocinar por 5 minutos más, revolviendo con frecuencia para separar los trozos de carne más grandes.

2. Agregar el tomate cortado en cubitos y continuar cocinando por 2 minutos. Una vez que todo hierva, reducir el fuego a medio-bajo, probar el sazón y agregar más sal y pimienta si es necesario. Tapar el sartén y cocinar a fuego lento durante 10 minutos, hasta que todos los jugos de la carne y los tomates se hayan reducido. Agregar el cilantro picado, retirar del fuego y dejar enfriar antes de formar las empanadas.

3. Para hacer la masa: Mezclar la harina de maíz, el agua tibia y la sal en un tazón grande. Amasar bien hasta que la masa esté tersa y suave. Dividir la masa en 12 bolas de igual tamaño y cubrirlas con una toalla de tela húmeda.

4. Calentar el aceite en un sartén grande a fuego medio-alto.

5. Para formar las empanadas, colocar una bola de masa entre dos láminas de plástico cortadas de una bolsa de congelador (ver foto en la página 18) en una prensa para tortillas. Presionar hacia abajo la prensa para tortillas para formar un círculo, luego retirar la hoja de plástico superior. Colocar 2 cucharadas (18 g) de carne molida en el centro del círculo de masa. Con la ayuda de la lámina de plástico inferior, doblar el círculo por la mitad y sellar bien los bordes. (Es importante sellar bien los bordes, porque si el relleno se sale al freír,

NOTAS

* *Si gustas hacer esta receta con masa fresca de maíz nixtamalizado, vas a necesitar 480 g de masa.*

* *Es posible que necesites agregar un par de cucharadas más (30 ml) de agua mientras amases la masa para que tenga una textura manejable y suave. La cantidad necesaria dependerá de si vives en un ambiente húmedo o seco.*

* *Ver las Notas en la página 81 para instrucciones de almacenamiento y recalentamiento.*

puede hacer que el aceite salpique.) Repetir este proceso con el resto de las bolas de masa y relleno, mientras se fríen las empanadas formadas.

6. Colocar una empanada en el aceite caliente y cocinar hasta que el fondo esté dorado, voltear para cocinar el otro lado, aproximadamente 2 minutos por lado (se puede freír más de uno a la vez; no sobrecargar el sartén). Retirar del sartén y colocar en un plato con toallas de papel para absorber el exceso de aceite. Seguir friendo el resto de las empanadas.

7. Servir las empanadas mientras estén calientes. Adornar con el repollo, la cebolla y el tomate, y acompañar con la salsa.

TOSTADAS DE POLLO

Para muchas personas, una comida reconfortante consiste en una sopa de pollo caliente o un guiso abundante con puré de papas. Pero para mí, las tostadas; son la comida reconfortante que más me gusta. La tostada crujiente, la cremosidad de los frijoles, la frescura de la lechuga: hay algo en la combinación de todas esas texturas y sabores que no puedo resistir. Las tostadas también son fáciles de hacer y hay una amplia variedad de ingredientes para elegir. Puedes agregarle a tu tostada carne desmenuzada, carne molida, puerco, camarones, champiñones, atún o simplemente frijoles refritos cremosos.

TIEMPO DE PREPARACIÓN: 20 minutos

RINDE: 12 tostadas (4 porciones)

450 g (1 libra) de pechugas de pollo deshuesadas y sin piel, cocidas y desmenuzadas

Sal y pimienta, al gusto

¼ cucharadita de ajo en polvo (opcional)

¼ cucharadita de cebolla en polvo (opcional)

1 taza (240 g) de frijoles refritos negros o bayos (o pintos) calientes

12 tostadas de maíz

2 tazas (85 g) de lechuga picada

1 tomate grande, en rebanadas o en cubitos

1 aguacate, cortado por la mitad, sin hueso y en rebanadas (cortar justo antes de servir)

½ taza (60 g) de queso fresco desmoronado

PARA ADORNAR Y SERVIR

Crema mexicana

Salsa a elección

Jalapeños y zanahorias en escabeche

1. Sazonar la pechuga de pollo desmenuzada con sal y pimienta, así como con el ajo y la cebolla en polvo (si se usa).

2. Untar cada una de las tostadas con una cucharada (15 g) de frijoles refritos.

3. Cubrir las tostadas con el pollo desmenuzado, la lechuga, una rebanada de tomate, una rebanada de aguacate y el queso desmoronado.

4. Justo antes de servir, rociar las tostadas con la crema mexicana. Servirlos con la salsa y los jalapeños y zanahorias en escabeche.

NOTAS

✖ *Para ahorrar tiempo, puedes usar un pollo asado comprado en la tienda para preparar este platillo.*

✖ *El uso de ajo y cebolla en polvo es opcional, pero hacen que el pollo tenga más sabor.*

ENCHILADAS ROJAS

Este es uno de esos platillos que se cocinan de forma diferente en cada hogar. Cada cocinero tiene su propia receta, y esta es mi versión basada en la forma en que mi mamá las cocinaba. En mi ciudad natal de Tampico es típico comer enchiladas para el desayuno o el almuerzo.

TIEMPO DE PREPARACIÓN:	TIEMPO DE COCCIÓN:	RINDE:
15 minutos	20 minutos	4 porciones

4 chiles guajillos, cortados a lo largo, sin semillas y sin venas

4 chiles anchos, cortados a lo largo, sin semillas y sin venas

2 dientes de ajo, picados

½ taza (120 ml) de agua

¼ cucharadita de orégano mexicano seco

Sal y pimienta, al gusto

Aproximadamente 5 cucharadas (75 ml) de aceite vegetal, dividido

12 tortillas de maíz

1½ tazas (180 g) de queso fresco desmoronado

PARA ADORNAR Y SERVIR

¼ taza (30 g) de queso fresco desmoronado

¼ taza (30 g) de cebolla blanca finamente picada

1 taza (60 g) de lechuga finamente picada o repollo verde (opcional)

4 rábanos, en rebanadas finas (opcional)

Papas y zanahorias fritas (ver Notas) (opcional)

1. Precalentar un comal o un sartén grande a fuego medio-alto, luego colocar los chiles guajillos y los chiles anchos bien abiertos en el sartén y asarlos ligeramente durante 30 a 40 segundos. Retirar enseguida. Colocar los chiles en una olla mediana y cubrirlos con agua, bajar el fuego a medio y cocinar durante unos 15 minutos, o hasta que se vean suaves. Retirar la olla del fuego y dejar que los chiles se enfríen en el agua de la olla durante otros 10 a 15 minutos.

2. Escurrir los chiles y colocarlos en una licuadora con el ajo. Agregar ½ taza (120 ml) de agua (no de la olla) y licuar hasta que quede tersa. Vaciar la salsa en un tazón grande atravésde un colador. Condimentar con el orégano, la sal y la pimienta. Dejar de lado.

3. Calentar 2 cucharadas (30 ml) de aceite vegetal en un sartén grande a fuego medio. Para freír las tortillas, es mejor agregar poco a poco el aceite según sea necesario; demasiado aceite resultará en tortillas empapadas.

4. Sumergir las tortillas, una por una, en el tazón de la salsa para enchiladas para cubrir ligeramente cada lado. Con unas tenazas de cocina, colocar una tortilla en el sartén para freírla brevemente durante unos segundos por ambos lados. Agregar más aceite vegetal al sartén según sea necesario. Colocar la tortilla frita en un plato grande forrado con toalla de papel para escurrir el exceso de aceite. Repetir este paso con las tortillas restantes.

5. Para armar las enchiladas, colocar 2 cucharadas (15 g) de queso cerca de un borde de la tortilla y luego enrollarla. Repetir este proceso con las tortillas restantes y el relleno. Colocar las enchiladas en una fuente para servir.

6. Mezclar el queso fresco y la cebolla finamente picada para usar como guarnición. Espolvorear esta mezcla sobre las enchiladas y adornarlas con lechuga (si se usa) y rábanos (si se usa). Servir con las papas y zanahorias fritas.

NOTAS

* Puedes ajustar la salsa hasta que encuentres el sabor que más te guste a ti y a tu familia. Puedes usar más chiles anchos que chiles guajillo, o al revés, o incluso solo un tipo de chile.

* La salsa se puede preparar con 2 días de anticipación y refrigerar. También se congela bien hasta por 2 meses.

* El queso desmoronado es el relleno tradicional, pero puedes usar otros rellenos, como carne de res, pollo o cerdo desmenuzado. Si deseas agregar carne desmenuzada, usa 2 tazas (300 g).

* Para hacer las papas y zanahorias fritas para servir con las enchiladas, comenzar con 2 tazas (280 g) de papas peladas y en cubos y 2 tazas (230 g) de zanahorias peladas y cortadas en cubos. Hervirlas en una olla hasta que estén casi tiernas, pero aún firmes, luego escurrir y enfriar. Usando el mismo sartén en el que freíste las enchiladas, agregar un poco más de aceite. Sofreír las papas y las zanahorias durante 5 minutos. Se rebozarán con un poco de la salsa que quedó en el sartén, dándoles un sabor único y sabroso. Sazonar con sal y cubrir con queso Cotija.

ENCHILADAS VERDES

Estas enchiladas se rellenan con pollo, se bañan en una cremosa salsa verde y se cubren con queso, antes de hornearlas. El queso suizo derretido en la parte superior es lo que distingue a estas enchiladas de otras, que generalmente se decoran con quesos desmoronados. Un platillo hermoso y decadente, estas enchiladas verdes también son conocidas en México como "enchiladas suizas".

TIEMPO DE PREPARACIÓN:	TIEMPO DE COCCIÓN:	RINDE:
15 minutos	45 minutos	4 porciones

340 g (12 onzas) de tomatillos (aproximadamente 8 tomatillos medianos), sin cáscara

2 chiles serranos o 1 chile jalapeño

1 diente de ajo

⅛ cebolla blanca mediana

4 tazas (950 ml/1 cuarto de galón) de agua

½ taza (120 ml) de crema mexicana o crema agria

½ taza (20 g) de cilantro fresco picado

2 cucharadas (30 ml) de aceite vegetal, para freír

12 tortillas de maíz

2 tazas (300 g) de pollo cocido y desmenuzado

Sal y pimienta, al gusto

¼ cucharadita de cebolla en polvo

¼ cucharadita de ajo en polvo

1 taza (115 g) de queso suizo rallado

PARA ADORNAR Y SERVIR

½ cebolla morada mediana, en rebanadas finas

Cilantro fresco picado

1. Colocar los tomatillos, los chiles, el ajo, la cebolla y el agua en una olla grande a fuego alto. Dejar hervir, luego reducir el fuego a lento y cocinar durante unos 15 minutos, hasta que los tomatillos estén cocidos. Dejar que los ingredientes se enfríen, luego retirarlos de la olla con una espumadera y colocarlos en la licuadora, junto con 1 taza (235 ml) del agua de cocción. Licuar hasta que esté tersa. Agregar la crema mexicana y el cilantro a la licuadora y licuar nuevamente hasta que todos los ingredientes tengan una textura uniforme. Sazonar con sal y dejar a un lado.

2. Calentar el aceite en un sartén grande a fuego medio. Con un par de tenazas de cocina, sumergir las tortillas, una a la vez, en el aceite para ablandarlas. Solo necesitan estar en el aceite durante unos segundos por lado (además de ablandarlas para que se enrollen fácilmente, esto evita que las tortillas se rompan). Transferir las tortillas a un plato con toallas de papel para absorber el exceso de aceite. Precalentar el horno a 175°C (350°F).

3. Sazonar el pollo con sal, pimienta y cebolla y ajo en polvo. Extender aproximadamente un tercio de la salsa en el fondo de una fuente de horno de 23 x 28 cm (9 x 11 pulgadas).

4. Para armar las enchiladas, colocar un poco de pollo en una tortilla, cerca de un borde, y enrollarla para formar una enchilada. Colocar la enchilada, con la orilla hacia abajo, en la fuente de horno. Repetir este proceso con las tortillas y el pollo restantes, hasta que la fuente de horno esté llena con una capa de enchiladas enrolladas. Cubrir las enchiladas con el resto de la salsa, luego espolvorear el queso por encima. Hornear durante 30 minutos o hasta que el queso comience a dorarse.

5. Adornar con la cebolla en rebanadas y el cilantro y servir inmediatamente.

NOTAS

* A algunas personas les gusta agregar un chile poblano asado a la salsa.

* Para ahorrar tiempo, usa pollo rostizado comprado en la tienda para que sea más fácil hacer
este platillo.

* En lugar de pasar las tortillas por el aceite, puedes untarlas con aceite y luego calentarlas en un sartén. Este método usa menos aceite.

* En lugar de queso suizo, puedes usar queso Manchego o Oaxaca, o cualquier combinación de estos. También puedes usar queso rebanado en lugar de queso rallado.

* Servir las enchiladas con crema mexicana o crema agria, rociándolas sobre las enchiladas para reducir el picor de la salsa.

* Las enchiladas pueden prepararse con anticipación, taparse bien, guardarse en el refrigerador durante 2 días y luego hornearlas en el paso 4. Solo asegúrate de usar tortillas de buena calidad que no se rompan en la salsa.

COSTILLAS EN SALSA VERDE

Las costillas de cerdo en trocitos son un corte de carne popular en México, debido a su precio económico y su rico sabor. Este guiso hecho con salsa verde es un alimento básico en muchos hogares, y eso significa que hay tantas variaciones de esta receta como cocineros en México. Puedes cambiar las verduras en esta receta para hacerla tuya; en lugar de los nopales, sustitúyelos por calabacita, calabacín, ejotes (judías verdes) o chayotes.

TIEMPO DE PREPARACIÓN:	TIEMPO DE COCCIÓN:	RINDE:
10 minutos	50 minutos	6 porciones

900 g (2 libras) de puntas de costillas de cerdo en trocitos

2 tazas (475 ml) de agua

3 dientes de ajo (1 pelado y 2 sin pelar), cantidad dividida

1 hoja de laurel

¼ más ⅓ de cebolla blanca mediana, cantidad dividida

2 cucharadas de aceite vegetal (30 ml) o manteca de cerdo derretida (30 g)

450 g (1 libra) de tomatillos (aproximadamente 11 tomatillos medianos), sin cáscara

4 a 6 chiles serranos o 2 a 3 chiles jalapeños

⅓ taza (13 g) de cilantro fresco picado

Sal y pimienta, al gusto

1½ tazas (225 g) de nopales cocidos y cortados en cubitos (ver la página 9 para preparar los nopales)

PARA SERVIR

Arroz blanco (página 130)

Tortillas de maíz calientes

1. Cortar las costillas en trozos de 4 cm (1½ pulgadas) y colocarlas en una olla grande. Cubrir con el agua y agregar el diente de ajo pelado, la hoja de laurel y ¼ de la cebolla.

2. Llevar el agua a ebullición a fuego medio-alto, luego reducir el fuego a lento. Cocinar durante unos 40 minutos, hasta que la carne esté tierna y el agua se haya reducido. A este punto, la carne comenzará a dorarse en su propia grasa.

3. Mientras tanto, Precalentar un comal o un sartén grande a fuego medio-alto, luego asar los tomatillos, los chiles y el 1/3 restante de cebolla y 2 dientes de ajo sin pelar (ver la página 16 para instrucciones sobre cómo asar cada verdura). Envolver todas las verduras asadas en un pedazo grande de papel de aluminio para que se sigan cocinando en su propio vapor durante unos 5 minutos.

4. Colocar las verduras asadas y el cilantro picado en una licuadora y licuar hasta que quede bien molido.

5. Una vez que la carne esté cocida y ligeramente dorada, agregar el aceite vegetal. Cuando el aceite esté caliente, vaciar la salsa en la olla, sazonar con sal y pimienta y llevar a hervor. Agregar los nopales, luego reducir el fuego a lento y cocinar durante 7 a 8 minutos.

6. Servir con el arroz y las tortillas.

NOTA

Puedes agregar una hoja de aguacate junto con la hoja de laurel al cocinar la carne. Esto le dará un sabor más herbáceo a la carne.

ENSALADA DE POLLO

La ensalada de pollo que se elabora en México es una adaptación de la famosa ensalada rusa Olivier, pero con pollo agregado. Algunas variaciones incluyen otros ingredientes, como pimientos rojos y elote. Es un platillo clásico de fiesta que sigue siendo popular en todo México.

TIEMPO DE PREPARACIÓN: 15 minutos más 4 horas de tiempo de enfriamiento	**RINDE:** 8 porciones

450 g (1 libra) de pechuga de pollo, cocida y desmenuzada

400 g (14 onzas) de papas, cortadas en cubitos y cocidas

225 g (8 onzas) de zanahorias, cortadas en cubitos y cocidas

5 onzas (140 g) de apio, cortado en cubitos

6 onzas (170 g) de chícharos (guisantes) enlatados, escurridos

1 manzana roja o amarilla, pelada y cortada en cubitos

1 taza (225 g) de mayonesa

Sal y pimienta, al gusto

PARA ADORNAR Y SERVIR

1 ramita de perejil fresco

Galletas saladas

Jalapeños y rebanadas de zanahorias en escabeche

NOTAS

* *La adición de la manzana es algo que comencé a hacer hace muchos años, aunque no es muy común en México.*

* *Puedes refrigerar esta ensalada hasta por 2 días.*

1. Colocar el pollo desmenuzado en un tazón grande con las papas, las zanahorias, el apio, los chícharos y la manzana. Mezclar suavemente y agregar la mayonesa. Hacer esto con cuidado para evitar romper o triturar las verduras cocidas.

2. Sazonar la ensalada con sal y pimienta, luego refrigerar aproximadamente 4 horas para permitir que los sabores se mezclen.

3. Decorar con el perejil, y servir con las galletas saladas y los jalapeños y zanahorias en escabeche (para los adultos).

ENSALADA DE CODITOS

También conocida como "sopa fría", esta ensalada de coditos en general se sirve con la Ensalada de pollo ya que las dos se complementan bien. En el estado de Sinaloa, es un acompañamiento favorito para las fiestas, donde se sirve con Barbacoa de lengua (página 53) y Asado de puerco (página 66). En mi ciudad natal de Tampico, en el estado de Tamaulipas, este platillo y la ensalada de pollo se ven frecuentemente en el menú de las fiestas de cumpleaños de los niños, servidos con una generosa porción de galletas saladas y algunos jalapeños y zanahorias en escabeche para los adultos.

TIEMPO DE PREPARACIÓN: 10 minutos más 4 horas de tiempo de enfriamiento	TIEMPO DE COCCIÓN: 12 minutos	RINDE: 8 porciones

225 g (8 onzas) de pasta de coditos

280 g (10 onzas) de queso cheddar o americano, cortado en cuadritos o cubos

280 g (10 onzas) de jamón cocido, cortado en cubos pequeños

1½ tazas (360 ml) de crema mexicana o crema agria

¼ taza (55 g) de mayonesa

Sal y pimienta, al gusto

1 ramita de perejil fresco, para decorar

1. Cocinar los coditos de acuerdo a las instrucciones del paquete, luego colar y dejar enfriar.

2. Colocar el queso y el jamón en un tazón grande, luego agregar los coditos enfriados (asegurarse de que estén fríos; de lo contrario, su calor hará que el queso se derrita).

3. En un tazón más pequeño, mezclar la crema mexicana con la mayonesa, la sal y la pimienta. Incorporar lentamente esta mezcla en el tazón con los coditos, el jamón y el queso, y cubrir bien todos los ingredientes. Refrigerar hasta que esté frío, aproximadamente 4 horas.

4. Para servir, decore la ensalada de coditos con el perejil.

NOTAS

✖ *Algunas recetas agregan apio, elote, chicharos (guisantes) y otras verduras en cubitos a esta ensalada. Si optas por utilizarlos, agrégalos con el queso y el jamón en el paso 2.*

✖ *Puedes refrigerar esta ensalada hasta por 3 días.*

FILETE DE PESCADO EMPANIZADO

Cuando creces en un puerto marítimo como lo es mi ciudad natal de Tampico, los mariscos son una parte esencial de tu menú semanal. Para hacer esta receta, mi mamá usaba bagre o tilapia. Puedes utilizar diferentes tipos de pescado, siempre que tengas en cuenta cuán bien mantiene su forma el pescado al freírse. Pídele recomendaciones a tu pescadería local.

TIEMPO DE PREPARACIÓN: 15 minutos	TIEMPO DE COCCIÓN: 20 minutos	RINDE: 6 porciones

1 kilo (2¼ libras) de tilapia (6 filetes)

1 cucharada (15 ml) de jugo de limón

Sal y pimienta, al gusto

½ cucharadita de cebolla en polvo

½ cucharadita de ajo en polvo

2 huevos grandes

2 tazas (200 g) de pan molido o galletas saladas molidas

¾ taza (180 ml) de aceite vegetal

PARA ADORNAR Y SERVIR

Arroz blanco (página 130) o Arroz rojo (página 132)

Ensalada verde a elección

1 limón, cortado en cuartos

Tortillas de maíz calientes

Salsa picante, al gusto

1. Secar los filetes de pescado con palmaditas. Rociar con jugo de limón y sazonar con sal, pimienta (recién molida, si es posible) y la cebolla y el ajo en polvo.

2. Batir los huevos en un tazón grande, luego colocar el pescado en la mezcla de huevos.

3. Extender el pan molido en un plato grande. Tener listo otro plato grande para colocar el pescado después de empanizarlo.

4. Con unas tenazas de cocina o con las manos, colocar un filete de pescado en el pan molido, voltearlo para cubrir el otro lado y voltear de nuevo si es necesario hasta que el filete esté bien cubierto. Presionar ligeramente las migajas para asegurarse de que se adhieran a la superficie del pescado. Colocar el filete empanizado en el plato limpio y repetir este proceso con el resto de los filetes.

5. Calentar el aceite en un sartén grande a fuego medio-alto. Cubrir un plato con toallas de papel. Una vez que el aceite esté caliente, colocar los filetes empanizados en el sartén. Se puede freír 2 o 3 filetes a la vez, solo asegurarse de no amontonarlos en el sartén. Cocinar de 3 a 4 minutos por cada lado hasta que estén dorados, luego colocarlos en el plato preparado para escurrir el exceso de aceite.

6. Servir con el arroz, la ensalada, los cuartos de limón, las tortillas y la salsa.

NOTAS

✹ *Si usas galletas saladas, asegúrate de ajustar la sal, ya que las galletas contienen sal.*

✹ *Puedes congelar los filetes empanizados (sin cocer) hasta por 6 semanas. Envuelve cada filete en un film de plástico, luego colócalos en una bolsa para congelar. Descongelar antes de freír.*

FRIJOL CON PUERCO

Este platillo es del estado de Yucatán, pero también es es muy gustado en estados vecinos como Campeche, Quintana Roo y Tabasco. Una de las primeras cosas que aprendí cuando me mudé a Tabasco fue que los lunes eran el día de Frijol con puerco. Se cree que en tiempos pasados, los cerdos se sacrificaban para su venta en los mercados los días sábados, y que por eso los domingos se cocinaba cochinita pibil y los lunes el frijol con puerco. Esta costumbre continúa hasta el día de hoy, ya que muchos restaurantes sirven este platillo los lunes. Este es una de esas comidas que sabe mejor cuando se recalienta, así que duplica esta receta y congela un poco para comer más adelante.

TIEMPO DE PREPARACIÓN:	TIEMPO DE COCCIÓN:	RINDE:
15 minutos	1 hora 20 minutos	6 porciones

1 taza (240 g) de frijoles negros secos

4 tazas (950 ml/1 cuarto de galón) de agua

1 diente de ajo

¼ de cebolla blanca

900 g (2 libras) de paleta de cerdo, cortada en cubos de 5 cm (2 pulgadas)

1 ramita pequeña de epazote

Sal, al gusto

PARA ADORNAR Y SERVIR

6 rábanos pequeños, picados

½ taza (20 g) de cilantro fresco picado

⅓ taza (40 g) de cebolla blanca picada

Limones, cortados en cuartos (opcional)

Salsa de chiltomate (opcional) (ver Notas)

Arroz blanco (página 130)

1. Antes de cocinar los frijoles, verificar si hay algunos rotos o secos y retirarlos. Enjuagar los frijoles y colocarlos en una olla grande. Cubrir con el agua y agregar el ajo y la cebolla. Retirar aquellos frijoles que floten a la superficie, ya que probablemente sean demasiado viejos y estén dañados.

2. Colocar la olla a fuego alto y llevar a ebullición, luego reducir el fuego a lento. Tapar parcialmente la olla para permitir que se libere parte del vapor. Cocinar los frijoles durante unos 40 minutos, luego agregar carne y el epazote, y sazonar con la sal. Continuar cocinando durante otros 40 a 45 minutos, hasta que la carne y los frijoles estén tiernos. Si el caldo se reduce demasiado, agregar aproximadamente ¼ taza (60 ml) de agua caliente. Probar el guiso para ver si necesita más sal.

3. Servir en tazones grandes y colocar las guarniciones y el arroz en platos para servir así cada quien puede condimentar el suyo.

NOTAS

✖ Si usas un Instant Pot, cocinar los frijoles durante 15 minutos, luego abrir la válvula de presión, agregar la carne de cerdo y cocinar por otros 15 a 20 minutos. Si usas una olla de cocción lenta, cocinar los frijoles a fuego lento durante 3 horas, luego agregar la carne de cerdo y continuar cocinando durante 3 horas más.

✖ Este platillo sabe aún mejor cuando está hecho con costillas de cerdo, así que reemplaza la mitad de la paleta de cerdo con costillas para realzar los sabores.

✖ Para hacer la salsa de chiltomate, colocar 2 tomates Roma, 2 rebanadas de cebolla (1 cm de grosor/½ pulgada) y 1 chile habanero en un comal caliente. Asarlos de manera uniforme, aproximadamente 8 minutos, y retirarlos rápidamente. Hacer una salsa usando un molcajete o una licuadora, agregando un poco de agua si es necesario. Sazonar con sal.

PICADILLO

La palabra "picadillo" proviene del verbo "picar", ya que la mayoría de los ingredientes de este platillo están picados. El picadillo se prepara en muchos países de Latinoamérica con un montón de variaciones, pero en esencia, es un alimento reconfortante compuesto de carne molida, salsa de tomate y verduras. Es un platillo muy flexible y puedes cambiar los ingredientes para hacer un picadillo a tu estilo. El picadillo también se usa como relleno para gorditas y burritos y para sopes. A mi hijo incluso le gusta hacer sándwiches con picadillo, que son similares a los Sloppy Joes.

TIEMPO DE PREPARACIÓN: 15 minutos	TIEMPO DE COCCIÓN: 30 minutos	RINDE: 6 porciones

2 cucharadas (30 ml) de aceite vegetal

450 g (1 libra) de carne molida

½ cebolla grande, finamente picada

2 dientes de ajo, picados

1 taza (120 g) de zanahorias en cubitos (aproximadamente 2 zanahorias medianas)

1 taza (140 g) de papas cortadas en cubitos (aproximadamente 2 papas pequeñas)

2 tomates grandes, cortados en trozos grandes

½ taza (120 ml) de agua

1 taza (145 g) de chícharos (guisantes) (si están enlatados, escurrir y si están congelados, descongelar)

Sal y pimienta, al gusto

PARA SERVIR

Arroz rojo (página 132) o Arroz blanco (página 130)

Tortillas de maíz calientes

1. Calentar el aceite en un sartén grande a fuego medio-alto. Agregar la carne molida y cocinar por 5 minutos, usando una espátula o cuchara de madera para deshacer los trozos grandes.

2. Agregar la cebolla y el ajo y continuar cocinando hasta que la cebolla esté ligeramente transparente, aproximadamente 2 minutos. Agregar las zanahorias y cocinar por unos 5 minutos más. Luego agregar las papas y continuar cocinando por 5 minutos más, revolviendo con frecuencia.

3. Mientras se cocinan la carne y las verduras, colocar los tomates y el agua en una licuadora y licuar hasta que quede tersa. Agregar esta salsa al sartén y agregar los chícharos.

4. Sazonar con sal y pimienta y cocinar a fuego lento hasta que las verduras estén cocidas y el líquido se haya reducido, unos 10 minutos. Si el líquido se reduce antes de que las verduras estén cocidas, agregar aproximadamente ¼ taza (60 ml) de agua y continuar cocinando.

5. Servir con el arroz y las tortillas.

NOTAS

✖ *Las pasas, las aceitunas y las alcaparras son otros ingredientes que algunos cocineros agregan a su picadillo. Si los quieres usar, agregar en el paso 3 con la salsa y los chícharos.*

✖ *La cantidad de picadillo que rinde esta receta es suficiente para rellenar 8 chiles poblanos para hacer Chiles rellenos (página 55).*

POLLO A LA VERACRUZANA

Por años, hice esta platillo sin usar una receta. De pequeña aprendí a cocinar observando, agregando un poco de esto, una pizca de lo otro, y probando para ver si necesitaba algo más. Esta es una receta muy adaptable, que te permite usar las verduras que tienes a mano en tu cocina.

TIEMPO DE PREPARACIÓN:	TIEMPO DE COCCIÓN:	RINDE:
10 minutos	50 minutos	6 porciones

2 cucharadas (30 ml) de aceite de oliva

6 muslos de pollo con hueso y piel, enteros o 3 pechugas, cortadas por la mitad

Sal y pimienta, al gusto

½ cebolla blanca mediana, finamente picada

4 dientes de ajo, picados

2 zanahorias, cortadas en cubitos

1 papa grande, cortada en cubitos

450 g (1 libra) de tomates picados

1 taza (235 ml) de agua

1 hoja de laurel

½ cucharadita de tomillo seco o una pequeña ramita fresca

½ cucharadita de mejorana (opcional)

⅓ taza (40 g) de aceitunas rellenas de pimiento, en rebanadas

¼ taza (35 g) de uvas pasas

2 cucharaditas de alcaparras

PARA SERVIR

Arroz blanco (página 130)

Jalapeños en escabeche

1. Calentar el aceite en un sartén grande a fuego medio-alto. Sazonar el pollo con sal y pimienta, luego colocarlo en el sartén y dorar de 7 a 8 minutos por lado. Una vez que el pollo esté dorado, retirarlo del sartén y dejarlo a un lado mantener caliente.

2. Agregar la cebolla al sartén y cocinar por unos 2 minutos, luego añadir el ajo y las zanahorias y cocinar por 5 minutos. Agregar las papas y cocinar por 2 minutos más.

3. Colocar los tomates y el agua en una licuadora y licuar hasta que quede tersa. Vaciar la salsa en el sartén, usando un colador.

4. Regresar el pollo al sartén, llevar la salsa a hervor y luego reducir el fuego a lento. Agregar la hoja de laurel, el tomillo, la mejorana (si se usa), las aceitunas, las pasas y las alcaparras. Sazonar con sal y pimienta y tapar. Cocinar a fuego lento hasta que el pollo y las verduras estén cocidos, de 10 a 12 minutos. El tiempo de cocción variará según el tamaño y el tipo de trozos de pollo.

5. Servir con el arroz y los jalapeños en escabeche.

NOTAS

✱ Este guiso utiliza muchos ingredientes, pero todos se suman a la riqueza de su sabor. Algunas personas eliminan las zanahorias y las papas, mientras que otras agregan las verduras disponibles en su región o de temporada. A veces incluso agrego un poco de vino y algunos guisantes de olor también.

✱ Si los tomates frescos que estás usando no son jugosos, simplemente agrega unas cucharaditas de puré de tomate concentrado a la salsa.

✱ Durante el invierno, uso tomates enlatados.

TINGA DE POLLO

La tinga de pollo es originaria del estado de Puebla, pero esta receta es la versión más popular en todo México. Me encanta comer tinga sobre tostadas de maíz, pero también se puede usar como relleno de tacos, así como un platillo que puedes servir acompañado de arroz y una ensalada. También es un relleno popular para empanadas de maíz fritas y para sopes.

TIEMPO DE PREPARACIÓN: 10 minutos	TIEMPO DE COCCIÓN: 25 minutos	RINDE: 6 porciones

2 cucharadas (30 ml) de aceite vegetal

1 cebolla blanca mediana, en rebanadas

2 dientes de ajo grandes, picados

3 tazas (500 g) de tomate cortado en cubitos

2 cucharadas (6 g) de perejil fresco picado

3 tazas (450 g) de pollo cocido y desmenuzado

2 chiles chipotle en adobo (de lata), picados

Sal y pimienta, al gusto

PARA ADORNAR Y SERVIR

Perejil fresco picado

Tostadas de maíz (opcional)

1. Calentar el aceite en un sartén grande a fuego medio y agregar la cebolla. Sofreír por 3 minutos, luego agregar el ajo. Cocinar por otros 2 minutos hasta que la cebolla este transparente.

2. Agregar el tomate y el perejil, reducir el fuego a lento, revolver y cocinar hasta que los tomates comiencen a soltar su jugo, de 6 a 7 minutos. Si los tomates no son lo suficientemente jugosos, agregar un par de cucharadas (30 ml) de agua. Añadir el pollo y los chiles chipotle. Cocinar a fuego lento durante unos 8 minutos más, hasta que todos los sabores se hayan mezclado. Sazonar con sal y pimienta.

3. Adornar con el perejil picado y servir con las tostadas (si se usan).

NOTAS

✖ Puedes usar pollo rostizado comprado en la tienda para preparar este platillo. También puedes preparar tinga con cerdo y ternera.

✖ Ajusta la cantidad de chiles chipotle que usas dependiendo de qué tan picante quieras que sea la tinga.

✖ Si tienes sobras, puede guardarlas en el congelador durante aproximadamente un mes.

POLLO EN SALSA VERDE CON CALABACITAS

Esta receta es una de las muchas formas en que puedes usar los tomatillos, que también se conocen como tomates verdes. Para esta receta, agregué calabacita mexicana, pero puedes agregar calabacín, chayotes, ejotes y otras verduras verdes. La adición de verduras a este platillo se usa mucho a través de México; le da más sabor y textura al guiso, y es una excelente manera de comer la cantidad diaria de verduras.

TIEMPO DE PREPARACIÓN:	TIEMPO DE COCCIÓN:	RINDE:
20 minutos	40 minutos	4 porciones

4 muslos de pollo con piel y con hueso

Sal y pimienta, al gusto

¼ de cebolla mediana entera más ¼ picada, cantidad dividida

2 dientes de ajo, divididos

2 ramitas de cilantro fresco, divididas

450 g (1 libra) de tomatillos (aproximadamente 11 tomatillos medianos), sin cáscara

2 chiles serranos o 1 chile jalapeño

1½ cucharadas (22 ml) de aceite vegetal

8 onzas (225 g) de calabacita o calabacín, cortados en cubitos

PARA SERVIR

Arroz rojo (página 132) (opcional)

Tortillas de maíz calientes (opcional)

NOTA

Algunas personas prefieren que este guiso se sirva más como una sopa, en cuyo caso agregarían más caldo. La cantidad agregada depende de qué tan espeso quieras que sea el platillo.

1. Sazonar los trozos de pollo con sal y pimienta, luego colocarlos en una olla con ¼ de cebolla entera, 1 diente de ajo y 1 ramita de cilantro. Cubrir con agua, colocar a fuego alto y dejar hervir. Reducir el fuego y cocinar a fuego lento durante 30 minutos, o hasta que el pollo esté cocido y suave. Retirar del fuego y escurrir, reservando el caldo de pollo y descartando la cebolla, el ajo y el cilantro. Dejar a un lado.

2. Mientras se cocina el pollo, colocar los tomatillos, el diente de ajo restante y los chiles serranos en una olla grande separada, cubrir con agua y cocinar por 15 minutos a fuego medio.

3. Transferir los tomatillos, el ajo y los chiles serranos a una licuadora y licuar hasta que queden bien molidos.

4. Calentar el aceite en un sartén grande a fuego medio-alto. Agregar la cebolla picada restante y cocinar por 2 minutos. Agregar la calabacita y continuar cocinando durante 4 minutos, luego vaciar la salsa y agregar el pollo. Cocinar a fuego lento durante 10 minutos. Si la salsa se vuelve demasiado espesa, agregar aproximadamente ½ taza (120 ml) del caldo de pollo reservado. Condimentar con sal y pimienta.

5. Para servir, decorar con la ramita de cilantro restante y servir con el arroz (si se usa) y las tortillas (si se usan).

POLLO ENTOMATADO

El pollo entomatado es un platillo sencillo pero sabroso. No necesitas muchas especias o hierbas para convertirlo en uno de los guisos más memorables que jamás hayas probado. Es un platillo hogareño, y me encanta comerlo con pan para absorber todos esos deliciosos jugos de tomate. Para este platillo, trato de comprar los tomates más jugosos del mercado. Me gusta aprovechar los tomates del verano porque siempre producen una salsa muy rica.

TIEMPO DE PREPARACIÓN:	TIEMPO DE COCCIÓN:	RINDE:
15 minutos	45 minutos	4 porciones

4 piezas de pollo con piel y con hueso (unos 900 g/2 libras) (ver Notas)

Sal y pimienta, al gusto

2 cucharadas (30 ml) de aceite vegetal

¼ taza (30 g) de cebolla blanca picada

1 diente de ajo pequeño, cortado en cubitos

1 chile poblano, cortado en cubitos

1 chile jalapeño, cortado en cubitos

680 g (1½ libras) de tomates frescos picados

1 taza (235 ml) de agua

PARA ADORNAR Y SERVIR

¼ taza (10 g) de perejil o cilantro fresco picado

Arroz blanco (página 130)

1. Sazonar el pollo con sal y pimienta. Dejar a un lado.
2. Calentar el aceite en una olla a fuego medio alto. Agregar los trozos de pollo, con la piel hacia abajo. Cocinar el pollo, volteándolo una vez, hasta que ambos lados estén dorados, aproximadamente 10 minutos.
3. Reducir el fuego a medio y agregar la cebolla y el ajo. Cocinar durante unos 3 minutos, hasta que la cebolla se vea transparente. Agregar los chiles y continuar cocinando por 5 minutos más. Con una cuchara de madera, raspar lo que se haya pegado al fondo de la olla. Agregar los tomates picados y cocinar por 5 minutos más.
4. Agregar el agua, aumentar el fuego a medio-alto y llevar a hervor. Reducir el fuego a lento, tapar y cocinar durante 25 a 30 minutos, o hasta que el pollo esté cocido y tierno. Probar y sazonar con sal.
5. Decorar con el perejil o cilantro picado y servir con el arroz.

NOTAS

- *Para esta receta, utilicé 1 muslo de pollo, 1 pierna de pollo y 1 pechuga de pollo cortada en dos trozos.*
- *Agrega más chiles jalapeños si lo deseas más picante.*
- *Algunos cocineros también añaden 1 cubo de caldo de pollo con el agua en el paso 4 para realzar el sabor de este platillo.*

ROPA VIEJA

La ropa vieja es un platillo que se encuentra en muchos países de Latinoamérica, incluido México. Este guiso consiste en carne deshebrada cocida con verduras, en un caldo a base de tomate. Siempre que hago Caldo de res (página 28), me gusta cocinar más carne para poder preparar este platillo más adelante en la semana.

TIEMPO DE PREPARACIÓN: 15 minutos	TIEMPO DE COCCIÓN: 2 horas 10 minutos	RINDE: 6 porciones

CARNE DE RES

680 g (1½ libras) de falda de res, cuete o arrachera, cortado en cubos grandes

⅓ cebolla blanca mediana

4 dientes de ajo grandes

1 hoja de laurel

ESTOFADO

3 tomates grandes

2 dientes de ajo

2 cucharadas (30 ml) de aceite vegetal

¾ cebolla blanca, en rebanadas finas

2 papas medianas, peladas y cortadas en cubos del tamaño de un bocado

1 hoja de laurel

1 cucharadita de orégano mexicano seco

⅓ cucharadita de semillas de comino recién molidas

2 chiles jalapeños en escabeche, rebanados

1 cucharada (15 ml) del vinagre de los chiles jalapeños (opcional)

Sal y pimienta, al gusto

PARA SERVIR

Arroz blanco (página 130)

Frijoles de la olla (página 138) (opcional)

Tortillas de maíz calientes

1. Para hacer la carne: Colocar la carne, la cebolla, el ajo y la hoja de laurel en una olla grande, luego llenarla con suficiente agua para cubrir la carne. Colocar la olla a fuego alto y llevar a ebullición. Reducir el fuego a lento, cubrir y cocinar de 2 a 3 horas, hasta que la carne esté lo suficientemente tierna como para deshebrarla. Retirar la carne de la olla y dejarla enfriar hasta que se pueda manipular, luego deshebrarla y dejar a un lado. Reservar al menos 1 taza (235 ml) del caldo de cocción para usar en el guiso.

2. Mientras se cocina la carne, hacer el guiso: Colocar los tomates y el ajo en una olla grande y cubrir con agua. Encender el fuego a medio-alto y llevar a ebullición. Reducir el fuego a medio-bajo, tapar y cocinar hasta que los tomates estén suaves y la piel se esté pelando, aproximadamente 15 minutos. Dejar la olla a un lado para que se enfríe un poco.

3. Calentar el aceite en un sartén grande a fuego medio-alto. Agregar la cebolla y cocinar por 1 minuto, luego agregar las papas en cubitos y cocinar por 5 minutos más, revolviendo con frecuencia para evitar que se peguen al sartén.

4. Mientras se cocinan las papas y los tomates se han enfriado un poco, retirar la piel de los tomates y colocarlos en una licuadora con los dientes de ajo. Licuar hasta que quede bien molido (no es necesario agregar agua).

5. Agregar la salsa de tomate, 1 taza (235 ml) de caldo de res reservado y 1 hoja de laurel al sartén con la cebolla y las papas. Revolver y continuar cocinando por otros 5 minutos, luego reducir el fuego a bajo y agregar la carne deshebrada. Cocinar de 8 a 10 minutos más.

6. Verificar que las papas estén cocidas, asegurándose de que mantengan su forma y no se cocinen demasiado. Agregar el orégano y el comino, junto con las rebanadas de jalapeño y su vinagre (si se usa). Condimentar con sal y pimienta. El guiso estará listo cuando las papas estén tiernas y todos los sabores se hayan mezclado.

7. Servir con el arroz, los frijoles (si gusta) y las tortillas.

* *También puedes cocinar la carne en un Instant Pot o una olla a presión durante 45 minutos y en una olla de cocción lenta a temperatura baja durante 8 horas.*

* *Puedes omitir los jalapeños o agregar más si lo deseas. También puedes sustituir por jalapeños frescos.*

* *A veces agrego aceitunas rellenas de pimiento en rebanadas y una cucharadita de alcaparras picadas a este platillo, porque así le gusta a mi esposo. Agregar en el paso 6 con los jalapeños.*

TAMALES DE POLLO
EN SALSA VERDE

Estos tamales se encuentran entre los tamales más populares de México, particularmente en el centro del país. También son uno de los tamales más conocidos en los Estados Unidos, junto con los Tamales de puerco (página 113). La palabra tamal proviene de la palabra náhuatl *tamalli*, que significa "envuelto". Los tamales se cuecen al vapor en una envoltura de hojas, generalmente una hoja de maíz o una hoja de plátano, pero otras envolturas incluyen hojas de aguacate, hoja santa y otras hojas no tóxicas que se encuentran en México.

TIEMPO DE PREPARACIÓN:	TIEMPO DE COCCIÓN:	RINDE:
40 minutos	1 hora 40 minutos	36 tamales

POLLO

680 g (1½ libras) de pechugas de pollo deshuesadas y sin piel

2 rebanadas gruesas de cebolla

2 dientes de ajo

SALSA

680 g (1½ libras) de tomatillos, sin cáscara

6 chiles serranos o 4 chiles jalapeños

2 dientes de ajo

Sal, al gusto

MASA

36 hojas de maíz medianas, y 10 adicionales para la olla de vapor

1¾ tazas (360 g) de manteca de cerdo

5 tazas (600 g) de harina de maíz 1 cucharadita de polvo de hornear

6 tazas (1.5 litros/1½ cuartos de galón) de caldo de pollo tibio, y más si es necesario

Sal al gusto

1. Para hacer el pollo: Colocar el pollo, la cebolla y el ajo en una olla grande. Cubrir los ingredientes con agua y cocinar a fuego medio durante 40 minutos, hasta que el pollo esté tierno. Retirar el pollo, dejarlo enfriar y luego desmenuzarlo con dos tenedores.

2. Mientras se cocina el pollo, hacer la salsa: Colocar los tomatillos, los chiles y el ajo en una olla grande con suficiente agua para cubrir los ingredientes. Cocinar, tapado, a fuego medio hasta que estén cocidos y tiernos, de 15 a 18 minutos.

3. Transferir los tomatillos, los chiles y el ajo a una licuadora y licuar hasta que quede tersa. Sazonar la salsa con la sal y mezclar con el pollo desmenuzado. Dejar a un lado.

4. Para hacer la masa: Colocar todas las hojas de maíz en un recipiente grande con agua tibia y remojar durante unos 30 minutos; esto ayudará a que las hojas se ablanden y se doblen fácilmente al preparar los tamales. Retirar las hojas de maíz, escurrir el exceso de agua y reservar.

5. Colocar la manteca de cerdo en un tazón grande y comenzar a batir a mano o con una batidora manual hasta que adquiera un color más claro y una textura ligeramente esponjosa. Incorporar lentamente la harina de maíz, el polvo de hornear y el caldo tibio. Continuar mezclando hasta que todos los ingredientes estén bien incorporados, luego sazonar con la sal. Si la masa parece demasiado seca, agregarle un poco más de caldo, un par de cucharadas (30 ml) a la vez.

(continuado)

6. Para armar los tamales: Colocar una hoja de maíz en la superficie de trabajo con el extremo ancho hacia ti. Colocar de 2 a 3 cucharadas (15 a 30 g) de la masa en el centro de la hoja de maíz, más cerca de la base de la hoja (el extremo ancho). Con el dorso de una cuchara grande, distribuir uniformemente la masa hacia los bordes izquierdo, derecho e inferior. La masa debe llegar hasta el borde inferior (o justo antes), pero dejar 2.5 cm (1 pulgada) de espacio en los lados izquierdo y derecho. Poner 2 cucharadas (38 g) del relleno de pollo encima de la masa. Doblar los lados derecho e izquierdo de la hoja de maíz hacia el centro, superponiéndolos y cubriendo completamente la masa y el relleno. Luego, doblar el extremo estrecho de la hoja hacia el centro. Repetir este proceso con las 35 hojas restantes, la masa y el relleno. Por lo general, acomodo los tamales formados en una bandeja mientras los hago.

7. Para cocinar los tamales al vapor, colocar una rejilla para vaporera dentro de una olla grande. Agregar suficiente agua tibia para que casi llegue a la rejilla de la vaporera, luego cubrir la rejilla con una capa de hojas de maíz. Colocar los tamales en la olla en posición vertical, con los extremos abiertos hacia arriba. Taparlos con una capa generosa de hojas y luego tapar la olla. Cocinar los tamales al vapor durante aproximadamente 1 hora a fuego medio. Durante la cocción al vapor, revisar la olla para ver si tiene suficiente agua (tener cuidado al quitar la tapa), agregando más si es necesario (ver Notas). Para comprobar si los tamales están listos, retirar uno de la olla, esperar 5 minutos y luego abrirlo. Si la hoja se separa fácilmente de la masa al abrirla, significa que el tamal está cocido.. Si la masa se pega a la hoja, regresar el tamal a la olla y cocinar por 15 minutos más.

8. Servir los tamales calientes, solo déjalos reposar 5 minutos para que la masa se afirme.

NOTAS

✱ *En lugar de manteca de cerdo, puedes usar manteca vegetal o incluso aceite vegetal.*

✱ *Para batir la masa, generalmente uso una batidora de mano, pero uso una batidora de pie cuando hago una gran cantidad de masa.*

✱ *Al armar los tamales, los cocineros en realidad no miden las cantidades específicas de masa y relleno que se agregan a cada hoja. En su lugar, toman las cantidades que consideran apropiadas, tratando de mantenerse dentro de un rango constante. Las cantidades utilizadas pueden depender de la superficie que tenga la hoja de maíz (pueden variar en tamaño), así como del tamaño que el cocinero quiera que tengan los tamales.*

✱ *Puedes atar los tamales con una tira de hoja de maíz. No es necesario, pero ayuda a mantenerlos cerrados durante el proceso de cocción (esto es especialmente útil cuando se hacen tamales más grandes). Algunas personas usan la tira como indicador cuando hacen diferentes tipos de tamales, solo atando un tipo para que sea fácil saber cuál es cuál sin tener que abrirlos.*

✱ *Si necesitas agregar más agua a la olla al cocinar los tamales al vapor, asegúrate de vaciarla lo más cerca posible de la pared de la olla, evitando mojar los tamales. Si entra agua en los tamales, perderán su sabor y la masa quedará empapada.*

✱ *Un truco que usan los cocineros mexicanos es colocar una moneda en el fondo de la olla debajo de la rejilla para cocinar al vapor. Si el agua se evapora, la moneda comenzará a rebotar y sonar, lo que le indicará que debe agregar más agua a la olla.*

✱ *Los tamales se pueden congelar en bolsas de plástico hasta por 4 meses. Puedes recalentar los tamales congelados en el microondas durante 2 minutos (o 1 minuto si están descongelados). También puedes volver a calentar los tamales descongelados al vapor durante 15 minutos, o incluso colocar los tamales descongelados, con las hojas de maíz aún puestas, en un comal a fuego medio-alto durante 10 minutos. Las hojas de maíz comenzarán a asarse, lo cual le agregará un sabor ahumado a los tamales. Voltéalos 2 o 3 veces hasta que estén calientes.*

TAMALES DE PUERCO

Estos tamales se rellenan con carne de puerco en una salsa hecha con chiles rojos secos. Son muy similares a los tamales que se hacen en los estados norteños de Coahuila, Tamaulipas y Nuevo León. Una señora de Monclova en Coahuila, llamada Yolanda, me dio esta receta hace años. Ella preparaba estos tamales todos los fines de semana para vendérselos a sus vecinos, y siempre pienso en ella cuando los hago.

TIEMPO DE PREPARACIÓN: 45 minutos	TIEMPO DE COCCIÓN: 2 horas 15 minutos	RINDE: 16 tamales

PUERCO

450 g (1 libra) de carne de cerdo, cortada en cubos

2 dientes de ajo

¼ de cebolla blanca

1 hoja de laurel

1 cucharadita de sal

4 tazas (950 ml/1 cuarto de galón) de agua

SALSA

2 chiles anchos, abiertos, sin semillas y sin venas

3 chiles guajillo, abiertos, sin semillas y sin venas

2 dientes de ajo pequeños

1/3 cucharadita de comino molido

1 cucharada (15 ml) de aceite vegetal

Sal y pimienta, al gusto

MASA

16 hojas de maíz grandes, y 10 adicionales para la olla de vapor

1⅓ tazas (275 g) de manteca de cerdo

3 tazas (360 g) de harina de maíz

1 cucharadita de polvo de hornear

Sal, si es necesario

1. Para hacer la carne de cerdo: En una olla mediana, combinar la carne de cerdo, el ajo, la cebolla, la hoja de laurel y la sal. Cubrir con el agua. Llevar a ebullición a fuego medio-alto, luego reducir el fuego a lento y cocinar, parcialmente tapado, ocasionalmente usando una cuchara grande para quitar la espuma que se forme en la superficie, por aproximadamente 1 hora, o hasta que la carne esté lo suficientemente tierna como para desmenuzarla. Retirar y desechar la cebolla, el ajo y la hoja de laurel. Cuando la carne esté lo suficientemente fría como para manipularla, desmenuzarla en trozos pequeños con dos tenedores. Dejar a un lado. Reservar el caldo de cocción para usar en la salsa y en la masa.

2. Mientras se cocina la carne, hacer la salsa: Remojar los chiles secos en un tazón mediano con agua tibia durante unos 20 minutos. Colar los chiles, reservando el agua, y colocarlos en una licuadora, junto con el ajo, el comino y ⅓ de taza (75 ml) del agua de remojo reservada. Licuar hasta que esté bien molido.

3. Calentar el aceite vegetal en un sartén grande a fuego medio, luego agregar la salsa más 1 taza (235 ml) del caldo de cerdo reservado y cocinar por 8 minutos. Añadir carne desmenuzada a la salsa y sazonar con sal y pimienta. Agregar más caldo si la salsa se seca. Cocinar a fuego lento hasta que esté bien caliente, unos 5 minutos más.

4. Para hacer la masa: Colocar todas las hojas de maíz en un recipiente grande con agua tibia y remojarlas durante unos 30 minutos; esto ayudará a que las hojas se ablanden y se doblen fácilmente al preparar los tamales. Retirar las hojas, colar el exceso de agua y reservar.

(continuado)

5. Colocar la manteca de cerdo en un tazón grande y comenzar a batirla a mano o con una batidora manual hasta que adquiera un color más claro y una textura ligeramente esponjosa. Incorporar lentamente la harina de maíz, el polvo de hornear y 2½ tazas (600 ml) de caldo tibio reservado. Continuar mezclando hasta que todos los ingredientes estén bien incorporados, luego sazonar con la sal. Si la masa parece demasiado seca, agregarle un poco más de caldo, un par de cucharadas (30 ml) a la vez.

6. Para armar los tamales, colocar una hoja de maíz en su superficie de trabajo con el extremo ancho hacia ti. Colocar 2 cucharadas (30 g) de la masa en el centro de la hoja de maíz, más cerca del fondo de la hoja (el extremo ancho). Con el dorso de una cuchara grande, distribuir uniformemente la masa hacia los bordes izquierdo, derecho e inferior. La masa debe llegar hasta el borde inferior (o justo antes), pero dejando 2.5 cm (1 pulgada) de espacio en los lados izquierdo y derecho. Cubrir la masa con 1½ cucharadas (27 g) del relleno de carne. Doblar los lados derecho e izquierdo de la hoja de maíz hacia el centro, superponiéndolos y cubriendo completamente la masa y el relleno. Luego, doblar el extremo estrecho de la hoja hacia el centro. Repetir este proceso con las 15 hojas restantes, la masa y el relleno. Por lo general, pongo los tamales formados en una bandeja mientras los voy haciendo.

7. Para cocinar los tamales al vapor, colocar una rejilla para vaporera dentro de una olla grande. Agregar suficiente agua tibia para que casi llegue a la rejilla de la vaporera, luego cubrir la rejilla con una capa de hojas de maíz. Colocar los tamales en la olla en posición vertical, con los extremos abiertos hacia arriba. Cubrirlos con una capa generosa de hojas y luego tapar la olla. Cocinar los tamales al vapor durante aproximadamente 1 hora a fuego medio. Durante la cocción al vapor, revisar la olla para ver si tiene suficiente agua (tener cuidado al quitar la tapa), agregando más si es necesario (ver Notas). Para comprobar si los tamales están listos, retirar uno de la olla, esperar 5 minutos y luego abrirlo. Si la hoja se separa fácilmente de la masa al abrirlo, significa que el tamal está listo. Si la masa se pega a la hoja, regresar el tamal a la olla y cocinar por 15 minutos más.

8. Servir los tamales calientes, dejándolos reposar durante 5 minutos para que la masa se afirme.

NOTAS

✱ En lugar de manteca de cerdo, puedes usar manteca vegetal o incluso aceite vegetal.

✱ Al armar los tamales, los cocineros en realidad no miden las cantidades específicas de masa y relleno que se agregan a cada hoja. En su lugar, toman las cantidades que consideran apropiadas, mientras tratan de mantenerse dentro de un rango constante. Las cantidades utilizadas pueden depender de la superficie que tenga la hoja de maíz (pueden variar en tamaño), así como del tamaño que el cocinero quiera que tengan los tamales.

✱ Si necesitas agregar más agua a la olla al cocinar los tamales al vapor, asegúrate de vaciarla lo más cerca posible de la pared de la olla, evitando mojar los tamales. Si le entra agua a los tamales, perderán su sabor y la masa quedará empapada.

✱ Los tamales se pueden congelar en bolsas de plástico hasta por 4 meses. Puedes recalentar los tamales congelados en el microondas durante 2 minutos por tamal (o 1 minuto si están descongelados). También puedes volver a calentar los tamales descongelados al vapor durante 15 minutos, o incluso colocar los tamales descongelados, con las hojas de maíz aún puestas, en un sartén a fuego medio-alto durante 10 minutos. Las hojas de maíz comenzarán a asarse, lo cual le agregará un sabor ahumado a los tamales. Voltéalos 2 o 3 veces hasta que estén calientes.

TAMALES DE RAJAS CON QUESO

Los tamales de rajas con queso son una variedad popular de tamal relleno con salsa de tomate, queso y tiras de chiles poblanos. El sabor cremoso del queso se combina a la perfección con el sabor picante de los chiles asados. Puedes servir estos tamales solos o junto a otros tipos de tamales para brindar una opción sin carne a tus invitados. Estos tamales también se conocen simplemente como "tamales de rajas". La palabra "rajas" se refiere a las tiras de chiles poblanos.

TIEMPO DE PREPARACIÓN:	TIEMPO DE COCCIÓN:	RINDE:
40 minutos	1 hora 20 minutos	12 tamales

RELLENO

2 tomates grandes

1 jalapeño o 2 chiles serranos, sin tallo

1 diente de ajo pequeño, picado

1 cucharada (8 g) de cebolla blanca picada

2 chiles poblanos

Sal, al gusto

280 g (10 onzas) de queso Oaxaca o panela, cortado en tiras de 2.5 cm (1 pulgada) de largo

MASA

16 hojas de maíz grandes, y 10 adicionales para la olla de vapor

⅔ taza (135 g) de manteca de cerdo

2 tazas (240 g) de harina de maíz

½ cucharadita de polvo de hornear

1¾ tazas (420 ml) de caldo de pollo tibio

Sal, al gusto

1. Para hacer el relleno: Colocar los tomates y el jalapeño en una olla y cubrir con agua. Cocinar a fuego medio-alto hasta que estén tiernos, de 12 a 15 minutos. Colar el agua, reservando un par de cucharadas (30 ml) en caso de que se necesite para diluir la salsa en el paso 2.

2. Colocar los tomates y el jalapeño en una licuadora con el ajo y la cebolla. Licuar hasta que quede tersa, luego sazonar con sal. Dejar a un lado.

3. Asar los chiles poblanos sobre una llama viva de la estufa a fuego medio-alto, girando para que se asen uniformemente, de 8 a 10 minutos. Colocar los chiles asados en una bolsa plástica y cerrarla, dejándolos al vapor durante 5 minutos. Retirar de la bolsa y retirar la piel frotando con los dedos la superficie de los chiles. Con un cuchillo afilado, hacer un corte a lo largo de los chiles y retirar las semillas y las venas.

4. Para hacer la masa: Colocar todas las hojas de maíz en un recipiente grande con agua tibia a remojar durante unos 30 minutos; esto ayudará a que las hojas se ablanden y se doblen fácilmente al preparar los tamales. Colar y reservar las hojas a un lado.

5. Colocar la manteca de cerdo en un tazón grande y comenzar a batirla a mano o con una batidora manual hasta que adquiera un color más claro y una textura ligeramente esponjosa. Incorporar lentamente la harina de maíz, el polvo de hornear y el caldo tibio. Continuar mezclando hasta que todos los ingredientes estén bien incorporados, luego sazonar con la sal. Si la masa parece demasiado seca, agregarle un poco más de caldo, un par de cucharadas (30 ml) a la vez.

(continuado)

6. Para armar los tamales, colocar una hoja de maíz en la superficie de trabajo con el extremo ancho hacia ti. Poner unas 3 cucharadas (45 g) de masa en el centro de la hoja de maíz. Distribuir uniformemente la masa, aproximadamente 3 mm (⅛ de pulgada) de espesor, con una cuchara grande hasta el borde inferior y dejar aproximadamente 2.5 cm (una pulgada) de espacio en los lados izquierdo y derecho. Agregar 1 cucharada (15 ml) de salsa, luego cubrir con un poco de queso y tiras de chiles (al menos una de cada uno). Doblar los lados derecho e izquierdo de la hoja de maíz hacia el centro, superponiendo y cubriendo completamente la masa y el relleno. Doblar el extremo estrecho de la hoja hacia el centro, luego atar el tamal con una tira delgada de hoja de maíz (atar es opcional). Repetir este proceso con las 11 hojas de maíz restantes, la masa, la salsa, el queso y los chiles.

7. Para cocinar los tamales al vapor, colocar una rejilla para vaporera dentro de una olla grande. Agregar suficiente agua tibia para que casi llegue a la rejilla luego cubrir la rejilla con una capa de hojas de maíz. Colocar los tamales en la olla en posición vertical, con los extremos abiertos hacia arriba. Cubrirlos con una capa generosa de hojas y luego tapar la olla. Cocinar los tamales al vapor durante aproximadamente 1 hora a fuego medio. Durante la cocción revisar la olla para ver si tiene suficiente agua (tener cuidado al quitar la tapa), agregando más si es necesario (ver Notas). Para comprobar si los tamales están listos, retirar uno de la olla, esperar 5 minutos y luego abrirlo. Si la hoja se separa fácilmente de la masa significa que el tamal está listo. Si la masa se pega a la hoja, regresar el tamal a la olla y cocinar por 15 minutos más.

8. Servir los tamales calientes dejándolos reposar por 5 minutos para que la masa se afirme. Servir con salsa de tomate encima.

NOTAS

* *También se puede usar Salsa verde (página 125) para la salsa. Prepare salsa extra para servir junto con los tamales cocidos. Algunos cocineros prefieren usar chiles serranos o jalapeños en lugar de chiles poblanos. Si no puedes encontrar queso Oaxaca o panela, puedes usar queso Manchego o asadero, u otro tipo de queso.*

* *En lugar de manteca de cerdo, puedes usar manteca vegetal o incluso aceite vegetal.*

* *Al armar tamales, los cocineros en realidad no miden las cantidades específicas de masa y relleno que se agregan a cada hoja. En su lugar, toman las cantidades que consideran apropiadas, mientras tratan de mantenerse dentro de un rango constante. Las cantidades utilizadas pueden depender de la superficie que tenga la hoja de maíz (pueden variar en tamaño), así como del tamaño que el cocinero quiera que tengan los tamales.*

* *Si necesitas agregar más agua a la olla al cocinar los tamales al vapor, asegúrate de vaciarla lo más cerca posible de la pared de la olla, evitando mojar los tamales. Si les entra agua a los tamales, perderán su sabor y la masa quedará empapada.*

* *Los tamales se pueden congelar en bolsas de plástico hasta por 4 meses. Puedes recalentar los tamales congelados en el microondas durante 2 minutos por tamal (o 1 minuto si están descongelados). También puedes volver a calentar los tamales descongelados al vapor durante 15 minutos, o incluso colocar los tamales descongelados, con las hojas de maíz aún puestas, en un sartén a fuego medio-alto durante 10 minutos. Las hojas de maíz comenzarán a asarse, lo cual le agregará un sabor ahumado a los tamales. Voltéalos 2 o 3 veces hasta que estén calientes.*

SALSAS Y GUARNICIONES

PICO DE GALLO

El pico de gallo es una de las salsas más populares fuera de México. En México también nos gusta llamarlo salsa mexicana, ya que tiene los colores de la bandera mexicana: verde, blanco y rojo. Esta salsa se usa comúnmente para acompañar pollo a la parrilla y pescado frito. Sus ingredientes también se encuentran en muchas recetas de cócteles de mariscos. Hoy en día, algunos cocineros personalizan esta salsa agregando piña o mango, junto con otros chiles, como el habanero.

TIEMPO DE PREPARACIÓN: 10 minutos	**RINDE:** 1 taza (255 g)

1 tomate maduro grande o 2 tomates maduros medianos, finamente picados

⅓ cebolla grande, finamente picada

2 chiles serranos o 1 chile jalapeño, finamente picado

⅓ taza (13 g) de cilantro fresco finamente picado

Jugo de ½ limón

Sal, al gusto

1. Colocar el tomate, la cebolla y los chiles en un tazón mediano. Agregar el cilantro, el jugo de limón y la sal, luego mezclar suavemente hasta que todos los ingredientes estén cubiertos con el jugo de limón.

2. Se puede comer de inmediato o tapar y refrigerar por 30 minutos antes de servir para desarollar los sabores.

NOTAS

* *Puedes preparar los ingredientes con anticipación, guardándolos en el refrigerador en recipientes separados.*

* *Esta salsa se puede refrigerar hasta por 3 días. La consistencia no será la misma que cuando está fresca, pero será aceptable.*

SALSA ROJA

Esta es una salsa de mesa que encontrarás en muchos hogares en mi ciudad natal de Tampico, así como en muchos hogares en todo México. Es fácil de hacer y utiliza ingredientes que casi todo el mundo tiene en su cocina. Esta salsa multiuso se puede disfrutar en todas las comidas.

TIEMPO DE PREPARACIÓN:	TIEMPO DE COCCIÓN:	RINDE:
5 minutos	15 minutos	1¼ tazas (300 ml)

2 tomates medianos

1 chile jalapeño o 2 chiles serranos, sin tallo

1 diente de ajo pequeño, picado

1 cucharada (8 g) de cebolla blanca picada

Sal, al gusto

NOTA

Esta salsa puede refrigerarse hasta por 3 días y congelarse hasta por 4 semanas. Calentar la salsa antes de servir.

1. Colocar los tomates y el chile en una olla y cubrirlos con agua. Cocinar a fuego medio-alto hasta que los ingredientes estén suaves, de 12 a 15 minutos. Colar el agua, reservando ½ taza (120 ml) por si se necesita más adelante, dependiendo de lo jugosos que estén los tomates.

2. Colocar los tomates y el chile en una licuadora, junto con el ajo y la cebolla. Licuar hasta que esté tersa. Si la salsa se ve seca, agregar un poco del agua reservada, un par de cucharadas (30 ml) a la vez (esto dependerá de la jugosidad de los tomates).

3. Transferir la salsa a un tazón y sazonar con sal. Si se desea una salsa más líquida, agregar un poco del agua reservada.

4. Antes de servir, revolver bien para obtener una textura tersa y uniforme.

SALSA ROJA ROSTIZADA

Los sabores rostizados de esta salsa se combinan bien con carnes a la parrilla y Guacamole (página 129). Pero para ser honesta, sabe muy bien sin importar con qué la uses. Solo un par de cucharadas sobre una tortilla recién hecha sabe delicioso, y es aún mejor si le agregas un poco de aguacate cortado en cubitos.

TIEMPO DE PREPARACIÓN:	TIEMPO DE COCCIÓN:	RINDE:
5 minutos	15 minutos	1 taza (235 ml)

2 tomates medianos

1 diente de ajo pequeño, sin pelar

3 chiles serranos

2 cucharaditas de aceite vegetal

Sal, al gusto

NOTAS

- *Por lo general, no agrego agua a esta salsa porque los tomates estarán jugosos y suaves al asarlos.*
- *Es mejor comer esta salsa enseguida, pero se puede refrigerar hasta por 3 días.*

1. Precalentar un comal o un sartén grande a fuego medio-alto, luego asar los tomates, el ajo y los chiles, volteándolos para que se asen uniformemente. (Ver la página 16 para asar cada verdura). Una vez asado, pelar el ajo.
2. Colocar las verduras asadas en una licuadora y licuar hasta obtener la consistencia deseada. Si se tiene un molcajete, este es el momento de usarlo, ya que así es como se prepara tradicionalmente esta salsa.
3. Calentar el aceite en un sartén a fuego medio y agregar la salsa. Cocinar a fuego lento durante unos 5 minutos.
4. Sazonar con sal y servir en un tazón.

SALSA TAQUERA

Esta salsa se hace con tomatillos y chiles de árbol, y también se puede preparar con otros chiles secos, como los puya y piquín. La salsa taquera suele ser picante, pero puedes ajustar el picor a tu gusto reduciendo o aumentando la cantidad de chiles de árbol.

TIEMPO DE PREPARACIÓN: 5 minutos	TIEMPO DE COCCIÓN: 15 minutos	RINDE: 1 taza (235 ml)

2 tomates rojos medianos

⅓ cebolla blanca mediana (opcional)

2 tomatillos medianos o 3 pequeños, sin cáscara

2 dientes de ajo, sin pelar

15 chiles de árbol

Sal, al gusto

NOTAS

✖ *Para un color rojo intenso, usa más tomates que tomatillos.*

✖ *Esta salsa se puede refrigerar hasta por 4 días y congelar hasta por 6 semanas.*

1. Precalentar un comal o un sartén grande a fuego medio-alto, luego asar los tomates, la cebolla (si se usa), los tomatillos y el ajo, volteándolos para que se asen uniformemente. Una vez asados, pelar los ajos y reservar. Agregar los chiles de árbol al comal caliente y asarlos ligeramente. (Ver la página 16 para asar cada vegetal).

2. Una vez que los chiles de árbol estén asados, agregarlos a una licuadora con los tomates, los tomatillos, el ajo y la cebolla. Licuar hasta que esté tersa. Si la salsa es demasiado espesa, agregar un poco de agua.

3. Sazonar con sal y servir en un tazón.

SALSA VERDE

La salsa más común en cualquier taquería, esta salsa en general se sirve para acompañar tacos y carnitas. Los ingredientes de esta salsa también son un componente importante en muchos guisos, especialmente los llamados "en salsa verde". Algunos platillos hechos con esta salsa son las Enchiladas verdes (página 88), los Tamales de pollo en salsa verde (página 109) y el Chicharrón en salsa verde (página 74). Además de los tacos, también puedes servir esta salsa con tostadas, flautas, gorditas y otros antojitos mexicanos.

TIEMPO DE PREPARACIÓN:	TIEMPO DE COCCIÓN:	RINDE:
5 minutos	15 minutos	1½ tazas (360 ml)

Aproximadamente 3 tazas de agua (700 ml)

2 o 3 chiles serranos o 1 chile jalapeño

6 tomatillos medianos, sin cáscara

1 diente de ajo

3 cucharadas (24 g) de cebolla blanca picada

¼ taza (10 g) de cilantro fresco picado (opcional)

Sal, al gusto

1. Hervir el agua en una olla mediana. Agregar los chiles y los tomatillos, reducir el fuego a lento y cocinar, sin tapar, durante 12 a 15 minutos. Colar el agua, reservando ¼ de taza (60 ml).

2. Agregar los chiles, los tomatillos, el ajo, la cebolla y el cilantro (si se usa) a una licuadora y licuar hasta que quede tersa. Agregar una pequeña cantidad del agua de cocción para lograr una textura más líquida.

3. Sazonar con sal y servir en un tazón.

NOTAS

* Los tomatillos frescos no siempre están disponibles, pero puedes usar tomatillos enlatados.

* Si no deseas licuar el cilantro en el paso 2, puedes agregarlo al servir.

* Esta salsa puede refrigerarse hasta por 3 días y congelarse hasta por 6 semanas. Calienta la salsa antes de servir. Puedes recalentarla en el microondas durante 1 a 2 minutos o en una olla pequeña a fuego medio-bajo durante 5 minutos, o hasta que esté caliente.

SALSA VERDE ROSTIZADA

Las salsas rostizadas siempre tienen un sabor adicional debido a la piel carbonizada de los ingredientes. Si te gusta asar carne, esta es una salsa excelente para hacer, ya que puedes preparar los ingredientes mientras cocinas la carne a la parrilla. Esta salsa va bien con carnes rojas y pescado a la plancha o frito. También puedes usar esta salsa para hacer tacos con tortillas de maíz calientes, rebanadas de aguacate y queso fresco, o como botana con una guarnición de totopos.

TIEMPO DE PREPARACIÓN:	TIEMPO DE COCCIÓN:	RINDE:
7 minutos	8 minutos	1½ tazas (360 ml)

200 g (8 onzas) de tomatillos (aproximadamente 6 tomatillos medianos), sin cáscara

2 chiles serranos

2 rebanadas gruesas de cebolla blanca (aproximadamente ¼ de cebolla)

1 diente de ajo, sin pelar

¼ taza (10 g) de cilantro fresco picado

Sal, al gusto

1. Precalentar un comal o un sartén grande a fuego medio-alto, luego asar los tomatillos, los chiles, las rebanadas de cebolla y el ajo, volteándolos para que se asen uniformemente. (Ver la página 16 para asar cada verdura). Una vez asado, pelar el ajo.

2. Colocar las verduras asadas en una licuadora y licuar hasta que tenga una textura ligeramente gruesa. Agregar aproximadamente 1/4 taza (60 ml) de agua si la consistencia es demasiado espesa. Agregar el cilantro y licuar nuevamente hasta que todo esté bien incorporado.

3. Sazonar con sal y servir en un tazón.

NOTAS

* *Puedes cambiar 1 chile jalapeño por 2 chiles serranos. También puedes usar chiles habaneros para hacerla más picante.*

* *Si deseas preparar esta salsa con anticipación, no le agregues el cilantro. En su lugar, añádelo a la hora de servir, como adorno.*

* *Esta salsa frecuentemente se sirve con aguacate cortado en cubitos encima.*

* *Es mejor comer esta salsa inmediatamente, pero se puede refrigerar hasta por 3 días.*

SALSA VERDE CREMOSA

Esta salsa es muy sencilla y fácil de preparar, y la puedes hacer justo antes de servir. Es ideal para servir con Carnitas (página 50), Tacos de bistec (página 46) o cualquier tipo de tacos crujientes. El aguacate calma un poco el picante de los chiles, lo que la convierte en una excelente salsa para aquellos que no están acostumbrados o no les gustan las comidas picantes.

TIEMPO DE PREPARACIÓN: 10 minutos	**RINDE:** 1¼ tazas (300 ml)

3 tomatillos medianos, sin cáscara y picados

Aproximadamente 2 cucharadas (16 g) de cebolla picada

2 chiles serranos o 1 chile jalapeño, picado

⅓ taza (75 ml) de agua, más 1 a 2 cucharadas (15 a 30 ml), si es necesario

6 ramitas de cilantro fresco, picado

1 aguacate mediano maduro, cortado por la mitad y sin hueso

Sal, al gusto

1. Colocar los tomatillos en una licuadora, junto con la cebolla, los chiles y el agua. Licuar hasta obtener una textura espesa.

2. Agregar el cilantro y el aguacate. Licuar nuevamente hasta obtener la consistencia deseada, ya sea suave y cremosa o espesa.

3. Sazonar con sal y servir en un tazón.

NOTA

La acidez de los tomatillos permite que esta salsa se conserve en el refrigerador hasta por 4 días.

GUACAMOLE

La palabra "guacamole" proviene de la palabra náhuatl *ahuacamulli*, una combinación de la palabra *ahuacatl*, que significa "aguacate", y "mulli", que significa "salsa" o "guiso". El guacamole es una de las recetas mexicanas más fáciles que puedes hacer. Requiere solo unos pocos ingredientes y se combina bien con una variedad de alimentos. Puedes servirlo como botana con totopos crujientes, encima de tostadas o como guarnición para carnes a la parrilla y mariscos fritos. Un guacamole es tan bueno como los aguacates que usas para prepararlo. Para asegurarte de seleccionar aguacates perfectamente maduros, busca aquellos que tengan un color verde oscuro. La piel debe ceder un poco cuando la presiones suavemente. Si un aguacate está demasiado firme, significa que aún no está maduro, y si se siente blando, significa que el aguacate está pasado.

TIEMPO DE PREPARACIÓN: 10 minutos	**RINDE:** 4 porciones

2 aguacates maduros grandes

Sal, al gusto

1 tomate pequeño, cortado en cubitos

¼ de cebolla blanca mediana, cortada en cubitos

1 chile serrano, finamente picado

2 cucharadas (6 g) de cilantro fresco picado

Totopos, para servir (opcional)

1. Con un cuchillo afilado, cortar los aguacates por la mitad, girarlos para separar las mitades y luego retirar el hueso con la punta del cuchillo.

2. Con una cuchara, sacar la pulpa del aguacate y colocarla en un molcajete o tazón, luego machacar el aguacate con la mano del mortero. Si se usa un tazón, machacar el aguacate con un tenedor o un machacador de papas. Depende de ti decidir si lo quieres cremoso o con pedazos de aguacate.

3. Sazonar con sal, luego incorporar suavemente el resto de los ingredientes con una cuchara.

NOTAS

* *En México, la gente a veces guarda el hueso del aguacate y lo coloca en el centro del guacamole. Algunos creen que retrasa el proceso de oxidación y evita que el aguacate se ponga color café; otros simplemente lo agregan como decoración.*

* *Los chiles que se usan para el guacamole son comúnmente serranos o jalapeños, pero también puedes usar habanero, piquín fresco o cualquier otro chile, según la selección.*

* *A algunos cocineros les gusta agregar unas gotas de jugo de limón para preservar el aguacate y evitar la oxidación, así como para agregar algo de acidez al guacamole.*

* *Si no estás sirviendo el guacamole de inmediato, cúbrelo con una envoltura de plástico, asegurándote de que el plástico toque la superficie del guacamole; esto ayudará a evitar que se ponga color café. Si parte de la superficie se vuelve color café, simplemente retírala con una cuchara y deséchala.*

ARROZ BLANCO

Este arroz es un excelente acompañamiento para platillos como Mole poblano (página 57), Asado de puerco (página 66), Costillas en salsa verde (página 91) y muchos otros guisos tradicionales mexicanos. También sirve como una comida rápida con un huevo frito encima y unos plátanos fritos de guarnición. La preparación de este arroz varía de una región a otra, pero el resultado final es el mismo.

TIEMPO DE PREPARACIÓN:	TIEMPO DE COCCIÓN:	RINDE:
15 minutos	35 minutos	6 porciones

1 taza (270 g) de arroz blanco de grano largo

3 cucharadas (24 g) de cebolla blanca picada

1 diente de ajo pequeño

½ taza (120 ml) de agua

2 cucharadas de aceite vegetal (30 ml) o manteca de cerdo (30 g)

1½ tazas (360 ml) de agua caliente

1 a 2 ramitas de perejil o cilantro fresco (opcional)

1 chile serrano (opcional)

Unas gotas de jugo de limón

Sal, al gusto

1. Colocar el arroz en un tazón grande resistente al calor y agregar suficiente agua caliente para cubrir el arroz. Revolver una vez, luego dejar reposar por 15 minutos.

2. Mientras tanto, colocar la cebolla, el ajo y ½ taza (120 ml) de agua en una licuadora y licuar hasta que quede bien molido. Dejar de lado.

3. Colar el arroz en un colador, luego enjuagarlo con agua fría hasta que el agua salga clara. Agitar bien el colador para eliminar el exceso de agua, ya que el arroz debe estar lo más seco posible. Dejar a un lado para seguir secando.

4. Calentar el aceite en una olla grande o cazuela a fuego medio alto. Agregar el arroz y sofreír, revolviendo constantemente, hasta que se vuelva transparente, de 4 a 5 minutos. No dorar demasiado el arroz. Cuando esté listo, inclinar con cuidado la olla hacia un lado y usar una cuchara para quitar el exceso de aceite.

5. Agregar la mezcla de cebolla y ajo al arroz en la olla y revolver. Agregar 1½ tazas (360 ml) de agua caliente, junto con el perejil (si se usa), el chile serrano (si se usa) y el jugo de limón, y llevar a ebullición.

6. Una vez que hierva, reducir el fuego a lento, sazonar con sal y tapar. Cocinar de 15 a 20 minutos. Una vez que se tapa el arroz, es importante no revolverlo ni tocarlo hasta que esté cocido; de lo contrario, se volverá blando. El agua debe absorberse casi por completo y el arroz debe verse cocido y esponjoso. Una vez que el arroz esté cocido, retirar del fuego y dejar reposar tapado por 10 a 15 minutos para que el arroz siga cocinándose al vapor.. Desechar el perejil, esponjar ligeramente el arroz con un tenedor y servir.

NOTAS

✳ El arroz de grano largo funciona mejor, ya que produce un resultado final esponjoso y húmedo. Tiene menos almidón, por lo que los granos del arroz cocido no se pegarán, siempre que los enjuagues bien antes de cocinarlos.

✳ Algunas personas solo enjuagan el arroz. Descubrí que cuando lo remojas, los granos son más tiernos y esponjosos.

✳ Algunos cocineros prefieren agregar el ajo picado y la cebolla picada mientras cocinan el arroz en el paso 4, en lugar de procesarlos en la licuadora en el paso 2.

✳ Puedes usar caldo de pollo en lugar del agua caliente o un cubo de caldo de pollo disuelto en agua. Ten en cuenta que tu arroz no será de color blanco si usas esta opción.

ARROZ ROJO

El arroz rojo se prepara casi todos los días en algunos hogares mexicanos. Un acompañamiento esencial para muchos platillos en todo el país, este arroz rojo puede acompañar casi cualquier comida. En mi casa, a veces nos gusta disfrutar de un tazón pequeño de arroz rojo cubierto con rebanadas de aguacate o un huevo frito.

TIEMPO DE PREPARACIÓN: 15 minutos	TIEMPO DE COCCIÓN: 35 minutos	RINDE: 6 porciones

1½ tazas (270 g) de arroz blanco de grano largo

3 cucharadas de aceite vegetal (45 ml) o manteca de cerdo (45 g)

2 tomates medianos, picados

3 cucharadas (24 g) de cebolla blanca picada

1 diente de ajo, picado

2¾ tazas (660 ml) de caldo de pollo

1 zanahoria pequeña, pelada y cortada en cubitos (opcional)

⅓ taza (50 g) de chicharos (guisantes) (si están enlatados, colar y si están congelados, descongelar) (opcional)

1 ramita de cilantro fresco (opcional)

1 chile serrano (opcional)

Sal, al gusto

1. Colocar el arroz en un tazón grande resistente al calor y agregar suficiente agua caliente para cubrir el arroz. Revolver una vez, luego dejar reposar durante 15 minutos. Colar el arroz con un colador, luego enjuagar con agua fría hasta que el agua salga clara. Agitar bien el colador para eliminar el exceso de agua, ya que el arroz debe estar lo más seco posible. Dejar a un lado para que se siga secando.

2. Calentar el aceite en una olla grande o cazuela a fuego medio-alto, luego agregar el arroz. Debería chisporrotear al tocar el aceite. Freír hasta que empiece a adquirir un color dorado claro, de 8 a 10 minutos. Revolver de vez en cuando para asegurarse de que el arroz no se pegue al fondo de la olla. Cuando esté listo, inclinar con cuidado la olla hacia un lado y usar una cuchara para quitar el exceso de aceite.

3. Mientras se cocina el arroz, colocar los tomates, la cebolla y el ajo en una licuadora y licuar hasta que quede bien molido. Vaciar la mezcla de tomate en el arroz a través de un colador y revolver. Continuar cocinando a fuego medio-alto hasta que se haya absorbido todo el líquido, revolviendo para asegurarse de que el arroz no se pegue al fondo de la olla, unos 3 minutos. Agregar el caldo de pollo, cualquiera de las verduras opcionales y la sal, y llevar a ebullición.

4. Una vez que empiece a hervir, tapar la olla y cocinar a fuego lento hasta que se absorba todo el líquido y el arroz y las verduras estén cocidos, unos 15 minutos. Una vez que se cubre el arroz, es importante no revolverlo ni tocarlo hasta que esté cocido; de lo contrario, se volverá pastoso. Revisar el arroz para ver si queda algo de humedad (es posible que se tenga que usar un tenedor para revisar el fondo de la olla). Si aún queda algo de humedad, continuar cocinando a fuego lento durante unos minutos más, aún tapado, hasta que esté tierno. Una vez que el arroz esté cocido, retirar del fuego y dejar reposar tapado de 10 a 15 minutos. Con un tenedor, esponjar ligeramente el arroz antes de servir.

NOTAS

- *El arroz de grano largo funciona mejor, ya que produce un resultado final esponjoso y húmedo. Tiene menos almidón, por lo que los granos del arroz cocido no se pegarán, siempre que los enjuagues bien antes de cocinarlos.*
- *Algunas personas solo enjuagan el arroz. Sin embargo, descubrí que cuando lo remojas, los granos son más tiernos y esponjosos.*

ARROZ VERDE

Este arroz verde a veces se llama "arroz poblano" debido al uso de chiles poblanos en la receta. Como ocurre con muchas recetas, cada cocinero puede agregar su toque personal, y a algunos les gusta agregar epazote o perejil. Al igual que el Arroz rojo (página 132) y el Arroz blanco (página 130), este arroz es delicioso combinado con muchos platillos mexicanos.

TIEMPO DE PREPARACIÓN:	TIEMPO DE COCCIÓN:	RINDE:
15 minutos	35 minutos	6 porciones

1 taza (270 g) de arroz blanco de grano largo

1 chile poblano grande, asado, sin semillas y sin venas (ver la página 16 para asar)

1 hoja de lechuga romana

2 ramitas de cilantro fresco, picado

2 cucharadas (16 g) de cebolla blanca picada

1 diente de ajo

2 tazas (475 ml) de caldo de pollo, cantidad dividida

2 cucharadas (30 ml) de aceite vegetal

Sal, al gusto

1. Colocar el arroz en un tazón grande resistente al calor y agregar suficiente agua caliente para cubrir el arroz. Revolver una vez, luego dejar reposar durante 15 minutos. Colar el arroz con un colador, luego enjuagar con agua fría hasta que el agua salga clara. Agitar bien el colador para eliminar el exceso de agua, ya que el arroz debe estar lo más seco posible. Dejar a un lado para que se siga secando.

2. Mientras tanto, picar el chile poblano asado y colocarlo en una licuadora, junto con la hoja de lechuga, el cilantro, la cebolla y el ajo. Agregar 1 taza (235 ml) de caldo de pollo y licuar hasta que quede bien molido. Si no está bien molido, deberá usar un colador para vaciarlo sobre el arroz en el paso 4. Dejar a un lado.

3. Calentar el aceite en una olla grande a fuego alto. Una vez caliente, agregar el arroz y freírlo, revolviendo frecuentemente, hasta que tenga un color dorado claro, de 6 a 7 minutos. Una vez hecho esto, inclinar con cuidado la olla hacia un lado y retirar el exceso de aceite con una cuchara.

4. Vaciar lentamente la salsa en la olla, sin revolver demasiado. Dejar que se cocine durante unos 3 minutos a fuego medio-alto, luego agregar la taza (235 ml) restante de caldo de pollo y sazonar con la sal. Una vez que hierva, reducir el fuego a lento, tapar y cocinar de 12 a 15 minutos. Una vez que se tape el arroz, es importante no revolverlo hasta que esté cocido; de lo contrario, se volverá pastoso.

5. Para entonces, el líquido habrá sido absorbido y se habrán formado agujeros de vapor sobre la superficie del arroz. Una vez que el arroz esté cocido, retirar del fuego y dejar reposar tapado de 10 a 15 minutos para que el arroz siga cocinándose al vapor. Con un tenedor, esponjar ligeramente el arroz antes de servir, lo cual lo mezclará con la salsa que está en el fondo de la olla.

NOTAS

✖ El arroz de grano largo funciona mejor, ya que produce un resultado final esponjoso y húmedo. Tiene menos almidón, por lo que los granos del arroz cocido no se pegarán, siempre que los enjuagues bien antes de cocinarlos.

✖ Algunas personas solo enjuagan el arroz. Descubrí que cuando lo remojas, los granos son más tiernos y esponjosos.

✖ Para un color más verde, usar 2 chiles poblanos medianos en lugar de 1 chile grande.

✖ Puedes agregar granos de elote y rajas de chile poblano asado a tu arroz con el caldo de pollo en el paso 4 o como guarnición al momento de servir.

✖ También puedes servir el arroz con una cucharada de crema mexicana o crema agria.

FRIJOLES REFRITOS

En México existen dos formas de hacer frijoles fritos: la primera es sofreírlos en un sartén con cebolla picada y una pequeña cantidad de grasa (ya sea manteca de cerdo o aceite vegetal). La segunda es lo que se llama frijoles refritos, que tienen una textura cremosa y mucho más suave y usan un poco más de grasa en el proceso de cocción. Me gusta pensar en los frijoles refritos como un gusto para el desayuno del domingo. Son un acompañamiento perfecto para enchiladas, chilaquiles, huevos fritos e incluso tamales.

TIEMPO DE PREPARACIÓN: 5 minutos	TIEMPO DE COCCIÓN: 15 minutos	RINDE: 6 porciones

3 cucharadas de manteca de cerdo (45 g) o aceite vegetal (45 ml)

⅓ taza (40 g) de cebolla blanca finamente picada

3 tazas (24 onzas/680 g) de frijoles negros o bayos (o pintos) cocidos o enlatados, con aproximadamente ½ taza (120 ml) del caldo de cocción o líquido de la lata

Sal, al gusto

PARA ADORNAR

Queso fresco u otro queso desmoronado

Totopos

1. Calentar la manteca de cerdo en un sartén grande a fuego medio-bajo. Agregar la cebolla y cocinar hasta que esté transparente y comience a dorarse, de 4 a 5 minutos.

2. Agregar los frijoles al sartén con su caldo y tritúralos con un machacador de frijoles o papas hasta que se conviertan en una pasta. Con una espátula, raspar los frijoles de las orillas del sartén hacia el centro; esto ayudará a que los frijoles se cocinen bien y comenzarán a convertirse en una pasta espesa y cremosa. Sazonar con la sal.

3. Agitar el sartén de un lado a otro para formar un rollo con la pasta de frijoles. Me gusta darle la vuelta un poco como un panqueque para formar el rollo. Probar para ver si necesita más sal.

4. Para servir, colocar los frijoles en un plato, espolvorear con el queso y decorar con unos totopos.

NOTAS

✳ *Puedes picar un poco de tocino o chorizo para incluir en los frijoles. Cocínalo en el sartén antes de agregar la cebolla en el paso 1. La cantidad de manteca que agregues al sartén para cocinar las cebollas dependerá de la cantidad de grasa que suelte la carne.*

✳ *Si prefieres que tus frijoles estén un poco menos secos, agregar más del caldo de cocción de los frijoles.*

✳ *En lugar de la manteca de cerdo o el aceite vegetal, también puedes utilizar la grasa de tocino o chorizo; esto le agregará un delicioso sabor a los frijoles.*

FRIJOLES DE LA OLLA

Una de las comidas más simples que puedes disfrutar en la cultura mexicana es un buen plato de frijoles recién hechos, preferiblemente cubiertos con un poco de queso fresco y acompañados con una salsa picante y unas tortillas de maíz calientes. Como su nombre lo indica, estos frijoles se cocinan tradicionalmente en una olla de barro grande, que se cree les da un sabor especial cuando se cocinan a fuego abierto. Lamentablemente, la imagen romántica de frijoles hirviendo en una olla de barro sobre un fuego de leña es difícilmente alcanzable en el mundo moderno y agitado de hoy. Los frijoles negros son comida común en los estados de Veracruz, Campeche, Tabasco y Yucatán en la costa del Golfo, así como en otras partes de México. Además de servirse en su propio caldo como comida independiente, los frijoles negros se sirven comúnmente como guarnición con solo un poco de su caldo.

TIEMPO DE PREPARACIÓN:	TIEMPO DE COCCIÓN:	RINDE:
15 minutos	1 hora 30 minutos	8 porciones

450 g (1 libra) de frijoles negros secos (aproximadamente 2 tazas colmadas)

¼ de cebolla blanca grande

2 dientes de ajo

8 tazas (2 litros/2 cuartos de galón) de agua

2 hojas de epazote

1 chile serrano (ver Notas) (opcional)

Sal, al gusto

1 cucharadita de manteca de cerdo o aceite de oliva (opcional)

1. Primero, limpiar los frijoles. Colocarlos en un plato grande (u otra superficie plana) y usar los dedos para apartar los frijoles rotos o secos, así como cualquier piedra pequeña u otro material extraño que se encuentre.

2. Enjuagar bien los frijoles, luego colocarlos en una olla grande con la cebolla, el ajo y el agua. Retirar los granos que floten a la superficie, ya que probablemente sean demasiado viejos y estén dañados. Los frijoles se expandirán mientras se cocinan, por lo que se debe usar una olla grande.

3. Tapar la olla, reducir el fuego a medio-alto y llevar a ebullición. Reducir el fuego a lento. El tiempo de cocción dependerá de la frescura, el tamaño y el tipo de frijoles, oscilando entre 1½ y 3 horas. Agregar agua caliente si es necesario durante el proceso de cocción para mantener el nivel del agua a 5 cm (2 pulgadas) por encima de los frijoles. De vez en cuando revolver los frijoles.

4. Cuando los frijoles estén tiernos, agregar el epazote y el chile serrano (si se usa). Continuar cocinando hasta que los frijoles estén blandos, luego sazonar con sal y agregar la manteca (si se usa) hasta que se incorpore.

NOTAS

✖ También puedes hacer esta receta con frijoles bayos (o pintos), solo excluye el epazote.

✖ Si usas un Instant Pot (olla de presión eléctrica), sigue los pasos 1 y 2 de esta receta, luego agrega los frijoles, la cebolla y el ajo al Instant Pot, junto con 7 tazas (1.7 litros) de agua. Cocinar durante 30 minutos en la configuración que diga Frijoles (con la válvula cerrada), luego abrir la válvula y soltar el vapor. Sazonar con sal, agregar la manteca de cerdo o el aceite (si se usa) y cocinar durante 5 minutos más en la configuración manual.

✖ Si usas el chile serrano, haz un pequeño corte en el centro del chile con la punta de un cuchillo afilado para permitir que escape el vapor del interior y evitar que el chile reviente durante el proceso de cocción.

✖ No agregues sal antes de cocinar los frijoles, ya que la piel de los frijoles se endurecerá, evitando que se ablanden y haciendo que revienten.

✖ Como paso final, a algunos cocineros les gusta moler una pequeña cantidad de frijoles cocidos y luego devolverlos a la olla para obtener un caldo más espeso.

✖ Una vez que los frijoles se hayan enfriado, se pueden refrigerar hasta por 4 días o congelar hasta por 3 meses.

FRIJOLES BAYOS CREMOSOS

Con una textura cremosa y un sabor suave, estos frijoles bayos son el acompañamiento perfecto para una variedad de comidas. Puedes servirlos con guisos como Asado de puerco (página 66) y Carne con papas (página 65), o simplemente junto unos huevos revueltos o fritos para el desayuno. También son un excelente relleno para burritos. En México, hay una gran variedad de frijoles disponibles, algunos de los cuales solo se cultivan en ciertas regiones y son desconocidos en otras partes del país. Aunque he vivido en los estados del centro y norte de México, donde la gente tiende a preferir los frijoles bayos, estoy más acostumbrada a usar frijoles negros, ya que eso es lo que usaba mi familia cuando yo era pequeña.

TIEMPO DE PREPARACIÓN: 5 minutos	TIEMPO DE COCCIÓN: 15 minutos	RINDE: 6 porciones

2 cucharadas de aceite vegetal (30 ml) o manteca de cerdo (30 g)

¼ taza (30 g) de cebolla blanca finamente picada

2½ tazas (570 g/20 onzas) de frijoles bayos (o pintos) cocidos o enlatados, incluido su caldo de cocción o el líquido de la lata

Sal, al gusto

PARA ADORNAR

Queso fresco u otro queso desmoronado

Chiles serranos, en rebanadas finas (opcional)

1. Calentar el aceite en un sartén grande a fuego medio. Agregar la cebolla y cocinar hasta que los bordes se doren, aproximadamente 5 minutos.

2. Agregar los frijoles al sartén, reservando el caldo para agregar más tarde. Con un machacador de frijoles o papas, aplastar los frijoles presionándolos hacia abajo hasta que tengan una textura pastosa. Si no se tiene un machacador, se puede usar el fondo de un vaso pesado.

3. Agregar el caldo de frijoles, poco a poco. Revolver y seguir machacando los frijoles hasta que estén cremosos. Agregar más caldo de frijoles según sea necesario para dar a los frijoles la consistencia deseada. Retirar del fuego y sazonar con sal.

4. Servir los frijoles cubiertos con queso y rebanadas de chile serrano (si se usa).

NOTAS

* *Asegúrate de que los frijoles que estás usando hayan sido cocidos hasta que estén tiernos, para que tengan una textura cremosa al hacer esta receta.*

* *Una vez que los frijoles se hayan enfriado, se pueden refrigerar hasta por 2 días o congelar hasta por 1 mes.*

CALABACITAS CON CREMA

Las calabacitas han sido parte de la gastronomía mexicana desde la época prehispánica y desde entonces se han plantado junto con el maíz, los frijoles y los chiles. A los mexicanos les encanta usar la calabaza en una variedad de formas, como en guisos y sopas, así como al vapor, rellenas o con salsa. Este platillo sirve como acompañamiento para carnes a la parrilla, pollo, pescado y milanesas, como relleno para tacos y enchiladas, o encima de las tostadas.

TIEMPO DE PREPARACIÓN: 15 minutos	TIEMPO DE COCCIÓN: 20 minutos	RINDE: 6 porciones

2 chiles poblanos grandes

2 cucharadas (30 ml) de aceite vegetal o de oliva

½ cebolla blanca, picada

2 dientes de ajo, picados

450 g (1 libra) de calabacitas o calabacines, cortados en trozos de 1 cm (½ pulgada)

1 elote, desgranada, o ¾ taza (100 g) de elote enlatado, escurrido, o congelado, descongelado

Sal y pimienta, al gusto

1 cucharadita de orégano mexicano seco

1 taza (230 g) de crema mexicana o crema agria

½ taza (60 g) de queso fresco desmoronado, para decorar (opcional)

1. Asar los chiles poblanos sobre una llama viva de la estufa a fuego medio-alto, girando para que se asen uniformemente, de 8 a 10 minutos. Colocar los chiles asados en una bolsa plástica y cerrarla, dejándolos cocinar al vapor durante 5 minutos. Retirar de la bolsa y remover la piel carbonizada frotando con los dedos la superficie de los chiles. Con un cuchillo afilado, hacer un corte a lo largo de los chiles y retirar las semillas y las venas. Cortar los chiles en tiritas.

2. Calentar el aceite en un sartén grande a fuego medio-alto. Agregar la cebolla y cocinar por 1 minuto, luego agregar el ajo y cocinar rápidamente hasta que suelte su aroma, menos de un minuto.

3. Agregar las calabacitas y cocinar de 5 a 6 minutos, revolviendo ocasionalmente, asegurándose de que no se pegue al sartén. Agregar el elote, cocinar por 1 minuto más, luego agregar las tiras de chile poblano asado. Condimentar con sal y pimienta y agregar el orégano (desmenuzado entre los dedos).

4. Vaciar la crema mexicana, revolviendo para asegurarse de que cubra todas las verduras, y cocinar a fuego lento durante unos 2 minutos. Para ese entonces, comenzará a espesarse y todas las verduras estarán cocidas.

5. Servir adornado con queso fresco (si se usa).

NOTA

La calabacita y el calabacín se cocinan rápidamente, así que retírelos del fuego mientras aún estén poco cocidos y déjelos terminar de cocinarse en el calor de la salsa.

CALABACITAS CON QUESO

Este platillo se puede usar como acompañamiento y como platillo principal para esos días en los que quieras comer sin carne, utilizándolo como relleno para tacos hechos con tortillas de maíz. La calabacita tiene un sabor ligeramente más dulce en comparación con el calabacín, y es deliciosa acompañada de queso o crema, o simplemente servida sola, al vapor y terminada con un poco de mantequilla.

TIEMPO DE PREPARACIÓN:	TIEMPO DE COCCIÓN:	RINDE:
10 minutos	20 minutos	4 porciones

310 g (11 onzas) de tomates pera (aproximadamente 3 tomates), picados

1 diente de ajo pequeño, picado

¼ taza (60 ml) de agua

1 cucharada (15 ml) de aceite vegetal o de oliva

1 cucharada (15 g) de mantequilla

¼ taza (30 g) de cebolla blanca picada

2 ramitas de cilantro fresco (opcional)

370 g (13 onzas) de calabacitas (aproximadamente 2 calabacitas medianas) o calabacines, cortados en cubitos

Sal, al gusto

200 g (7 onzas) de queso panela, cortado en cubos de 1.5 cm (⅔ de pulgada)

1. Colocar los tomates y el ajo en una licuadora con el agua y licuar hasta que quede tersa. Dejar a un lado.

2. En un sartén mediano, calentar el aceite y la mantequilla a fuego medio-alto. Agregar la cebolla y cocinar hasta que esté transparente, de 2 a 3 minutos.

3. Agregar la salsa de tomate y el cilantro (si se usa) al sartén y cocinar por 3 minutos más. Agregar la calabacita y sazonar con sal. Cocinar de 10 a 12 minutos más hasta que la calabacita esté tierna y la salsa de tomate esté cocida. Justo antes de servir, agregar el queso.

NOTAS

✻ *Si te gusta la comida picante, agregar 1 chile serrano o ½ chile jalapeño a la salsa cuando la licúes en el paso 1.*

✻ *El queso panela se puede sustituir por queso fresco. Si no encuentras ninguno de estos quesos, puedes usar feta, pero recuerda que el feta es un queso salado, así que tenlo en cuenta al condimentar la salsa de tomate.*

ENSALADA DE REPOLLO

En México, la mayoría de las verduras se utilizan como ingredientes en guisos, como en el caso de la calabacita, la zanahoria, los ejotes (judías verdes) y los chayotes. Sin embargo, también se utilizan para hacer ensaladas, especialmente las sencillas, como esta ensalada de repollo que solía hacer mi mamá. Me gusta servir esto con pescado frito o carnes a la parrilla. Uno de los muchos usos de esta ensalada de repollo es como guarnición para tacos, ya sean tacos suaves o flautas.

TIEMPO DE PREPARACIÓN: 15 minutos	**RINDE:** 4 porciones

4 tazas (240 g) de repollo verde rallado

4 rábanos, en rebanadas finas

½ cebolla blanca, en rebanadas

2 cucharadas (30 ml) de aceite de oliva o vegetal

Jugo de 1 limón

Sal y pimienta, al gusto

1 tomate grande, en rebanadas

1. Colocar el repollo, los rábanos y la cebolla blanca en un tazón grande o en un plato para servir.

2. En un tazón pequeño, combinar el aceite, el jugo de limón, la sal y la pimienta para hacer una vinagreta. Mezclar bien.

3. Vaciar la vinagreta sobre el repollo y mezclar bien. Dejar reposar durante unos 6 a 8 minutos.

4. Justo antes de servir, decora la ensalada con las rebanadas de tomate.

NOTA *Hay gente que no le gusta el sabor del repollo. Si deseas un sabor más suave, elige un repollo grande. Los repollos más pequeños y de colores más brillantes tienen un sabor más fuerte.*

NOPALES CON OREGANO

Me encanta usar nopales cuando cocino platillos mexicanos. Su textura es suave y el sabor es similar al del okra (angú). Los nopales se utilizan de diversas formas en la cocina mexicana: en sopas y guisos, revueltos con huevos, o asados a la parrilla y cubiertos con queso derretido. Además, son ricas en fibra, vitaminas y otros nutrientes. Si nunca has comido nopales, espero que los pruebes con esta receta fácil, que también se puede usar como relleno para tacos, adornado con queso mexicano desmoronado y una salsa picante.

TIEMPO DE PREPARACIÓN	TIEMPO DE COCCIÓN:	RINDE:
5 minutos	20 minutos	4 porciones

225 g (8 onzas) de nopales (aproximadamente 2½ tazas), limpios y cortados en cubitos (ver la página 9 para preparar los nopales)

1 cucharada (15 ml) de aceite de oliva

4 cucharaditas de cebolla blanca picada

1 cucharadita de orégano mexicano seco

Sal y pimienta, al gusto

1. Para precocer los nopales, colocarlos en una olla pequeña y cubrirlos con agua. Encender el fuego a alto y llevar a ebullición, luego reducir el fuego a lento y cocinar por 8 minutos. Colar y reservar.

2. Calentar el aceite en un sartén a fuego medio-alto. Agregar la cebolla picada y cocinar por 5 minutos, hasta que se vuelva transparente.

3. Agregar los nopales, sazonar con el orégano, la sal y la pimienta y continuar cocinando de 4 a 5 minutos.

NOTA *Si no puedes encontrar nopales frescos, puedes usar los nopales que se venden en frasco.*

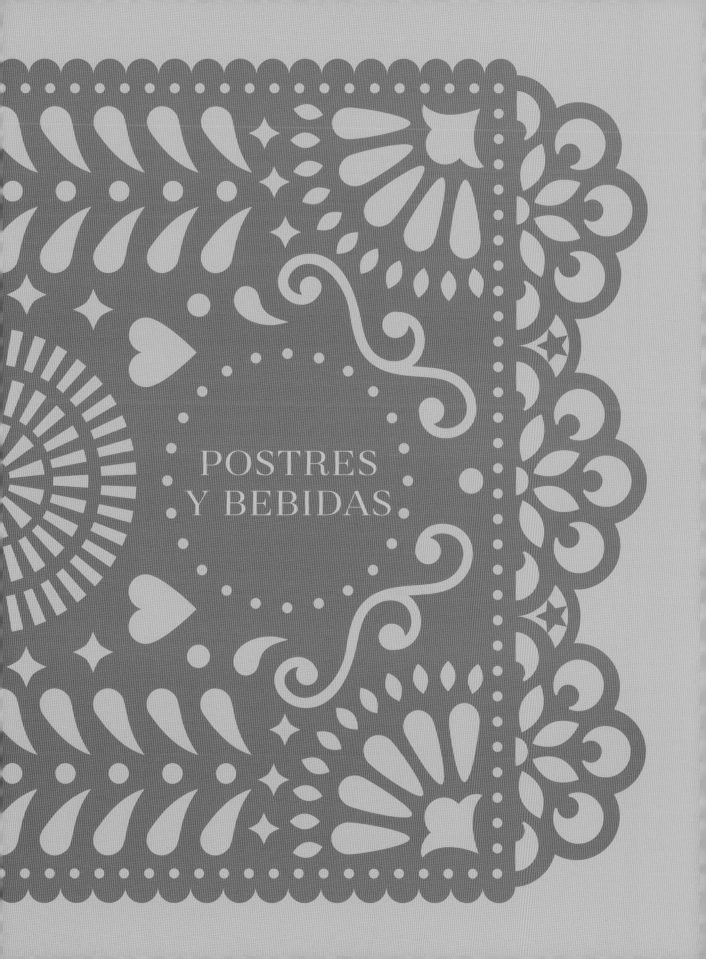

POSTRES
Y BEBIDAS

ARROZ CON LECHE

Uno de los postres más populares de la cocina mexicana es el arroz con leche. Este postre se puede preparar muy rápido y utiliza ingredientes que probablemente ya tengas en tu cocina. Esta receta me trae muchos recuerdos bonitos de la infancia. Cuando hago esta receta, me gusta usar leche condensada, ya que le da una textura extra cremosa al arroz con leche.

TIEMPO DE PREPARACIÓN:	TIEMPO DE COCCIÓN:	RINDE:
5 minutos	30 minutos	6 porciones

2½ tazas (600 ml) de agua

¾ taza (140 g) de arroz blanco de grano corto

Rama de canela mexicana de 5 cm (2 pulgadas)

¾ taza (180 ml) de leche entera

½ taza (155 g) de leche condensada

¼ taza (35 g) de pasas (opcional)

Canela molida, para espolvorear

NOTAS

* *El arroz de grano corto tiene un mayor contenido de almidón, lo cual producirá un arroz con leche más cremoso.*

* *Puedes usar leche descremada o al 2% en lugar de leche entera. Deberás agregar un poco más de leche durante la etapa de cocción final en el paso 4 si deseas lograr la misma consistencia cremosa que obtendrías con la leche entera.*

* *Si te gusta más dulce, agrega un poco más de leche condensada.*

* *Opciones de saborizantes: vainilla, cáscara de limón o naranja, y hojas de naranjo.*

1. Colocar el agua, el arroz y la ramita de canela en una olla mediana a fuego alto. Llevar a ebullición, luego reducir el fuego a lento y cocinar, sin tapar, hasta que el arroz esté tierno, aproximadamente 20 minutos. El arroz está listo cuando se haya evaporado toda el agua y se hayan formado unos agujeros en la superficie.

2. Mientras se cocina el arroz, combinar la leche entera con la leche condensada en un tazón mediano y revolver bien.

3. Retirar la olla del fuego. Vaciar la mezcla de leche en la olla y revolver. Si se desea agregar pasas, hacerlo ahora.

4. Regresar la olla al fuego y continuar cocinando a fuego medio hasta que el arroz espese, de 5 a 10 minutos, revolviendo ocasionalmente para evitar que se pegue al fondo de la olla. Si el arroz parece demasiado seco para tu gusto, agregar ¼ taza (60 ml) más de leche entera tibia y revolver. El resultado final debe ser un arroz con leche suave y cremoso.

5. Si se sirve caliente, colocar el arroz con leche en tazones pequeños y espolvorear con canela molida. Si desea servirlo frío, vaciarlo en un recipiente y cubrirlo con una envoltura de plástico, presionando hacia abajo sobre la superficie del arroz para evitar que se forme una capa, y refrigerarlo hasta por 3 días. Espolvorear con canela antes de servir.

BUDÍN DE PAN

El budín de pan se puede encontrar en casi todas las panaderías de México. Los panaderos hacen este postre con pan que no se vendió el día anterior. Algunos panaderos agregan ingredientes adicionales para realzar el sabor del budín, como coco rallado, higos cristalizados y nueces picadas, además del uso popular de las pasas. Este budín se puede hacer con las sobras de tostadas, un pan dulce que se ha puesto duro, un trozo de pan francés, etc. (ver Notas). Me gusta recolectar todos los pedazos de pan que sobraron y guardarlos en el congelador en una bolsa para congelador de 4 litros (1 galón). Cuando esté llena, significa que es hora de hacer esta receta. Disfruta de este budín de pan con una taza de café.

TIEMPO DE PREPARACIÓN:	TIEMPO DE COCCIÓN:	RINDE:
25 minutos	50 minutos	12 porciones

⅓ taza (80 g) de mantequilla, derretida y enfriada, y más para engrasar

500 g (17.5 onzas) de pan de un día (ver Notas), cortado en trozos o cubos

3 tazas (700 ml) de leche entera

3 huevos grandes

½ taza (100 g) de azúcar

1 cucharadita de extracto de vainilla

1 cucharadita de canela en polvo

½ taza (70 g) de pasas

1½ palitos de canela mexicana (opcional)

Miel o almíbar a elección, para servir

1. Precalentar el horno a 175°C (350°F). Engrasar una fuente de horno de 20 x 20 cm (8 x 8 pulgadas) con mantequilla.

2. Colocar los cubos de pan en un tazón grande y vaciar la leche sobre ellos. Remojar en la leche durante 10 a 15 minutos para que se ablanden. Con las manos o un tenedor, romper los trozos grandes de pan.

3. Batir los huevos en un tazón pequeño y vaciarlos en la mezcla de pan, luego agregar la mantequilla derretida, el azúcar, el extracto de vainilla, la canela y las pasas. Con una espátula, mezclar suavemente estos ingredientes hasta tener una mezcla uniforme. Vaciar la mezcla en la fuente de horno engrasado, alisando la superficie con una espátula. Romper las ramas de canela (si se usan) en trozos e insertar en diferentes lugares del budín. Una porción de cada trozo de canela debe sobresalir de la superficie; esto hará que sea más fácil sacarlos antes de comerlos.

4. Hornear de 50 a 60 minutos. Para probar si el budín está listo, insertar un palillo en el centro para ver si sale limpio. La superficie del budín formará una costra, pero el pan de abajo aún se sentirá suave. Cuando se saque el budín del horno por primera vez, se verá esponjoso, pero esta esponjosidad se reducirá a medida que el pan se enfríe. Esperar a que el budín se enfríe un poco antes de cortarlo.

5. Servir con miel o almíbar.

NOTAS

✖ Puedes utilizar una mezcla de diferentes tipos de pan para esta receta. Algunos ejemplos incluyen pan de sándwich, pan para hot dogs, pan de dulce y pan frances. Ten en cuenta que los tipos de pan utilizados afectarán la cantidad de azúcar necesaria, así que verifica la dulzura de la mezcla de pan en el paso 2 para ver si necesitas más azúcar para tu gusto.

✖ Además de las pasas, también puedes agregar ⅓ taza (25 g) de coco rallado o ¼ taza (25 g) de nueces picadas a la mezcla de budín en el paso 3.

✖ La adición de las ramas de canela es opcional; es algo que a mí me gusta hacer, ya que así es como recuerdo haber visto que se vendía el budín de pan en mi ciudad natal cuando era niña. Los trozos de canela agregarán más sabor al budín de pan y tu cocina tendrá un olor maravilloso mientras lo horneas.

BUÑUELOS

Los buñuelos son un postre que tienen un lugar especial en el corazón de muchos. Estoy segura de que muchos mexicanos que viven en el extranjero recuerdan haber hecho buñuelos con sus madres, abuelas y tías durante la época navideña. Hacerlos con las generaciones más jóvenes es una excelente manera de crear recuerdos y mantener vivas las tradiciones.

TIEMPO DE PREPARACIÓN:	TIEMPO DE COCCIÓN:	RINDE:
50 minutos	20 minutos	12 buñuelos

JARABE DE PILONCILLO

3½ tazas (820 ml) de agua, cantidad dividida

1 cono grande de piloncillo (aproximadamente 340 g /12 onzas)

1 rama de canela mexicana

6 guayabas, picadas o cortadas en cuartos

⅓ cucharadita de semillas de anís

¼ de cáscara de naranja

BUÑUELOS

2 tazas (260 g) de harina de trigo de todo uso, y más para espolvorear en la superficie de trabajo

1 cucharadita de polvo de hornear

1 cucharada (13 g) de azúcar

½ cucharadita de sal

1 huevo

1 cucharada (15 g) de mantequilla derretida y enfriada

1 cucharadita de extracto de vainilla

Aproximadamente ¾ taza (180 ml) de agua tibia

Aceite vegetal para freír

Azúcar para espolvorear

1. Para hacer el jarabe de piloncillo: Colocar 1 taza (235 ml) de agua y el piloncillo en una olla mediana a fuego medio-alto. Calentar hasta que el piloncillo se disuelva y parezca caramelo líquido. Agregar con cuidado las 2½ tazas (600 ml) restantes de agua a la olla, junto con la rama de canela, las guayabas, las semillas de anís y la cáscara de naranja. Llevar a ebullición a fuego medio-alto, luego reducir el fuego a lento y cocinar por 10 minutos. Colar el jarabe en un tazón pequeño u otro recipiente. Dejar a un lado para rociar encima. Se puede servir tibio o a temperatura ambiente.

2. Para hacer los buñuelos: En un tazón grande, combinar la harina, el polvo de hornear, el azúcar y la sal. Formar un pozo en el centro y agregar el huevo, la mantequilla derretida y el extracto de vainilla. Mezclar los ingredientes hasta que la mezcla se asemeje a una arenilla. Agregar lentamente el agua tibia, una cucharada (15 ml) a la vez, mezclando y amasando hasta obtener una masa suave y tersa; esto llevará menos de 5 minutos. Cubrir la masa con una toalla de cocina y dejarla reposar durante 30 minutos.

3. Dividir la masa en 12 bolitas y cubrirlas con una toalla de cocina. Agregar el aceite a un sartén grande para que tenga 2 cm (¾ de pulgada) de profundidad y calentar a fuego medio-alto a aproximadamente 175°C (350°F). Colocar una bolita de masa sobre la superficie de trabajo enharinada y extenderla con un rodillo para formar un círculo lo más delgado posible sin romper la masa. Los buñuelos deben ser delgados y casi transparentes. Para estirarlos aún más, se puede colocar la masa enrollada en un recipiente invertido (cubierto con un paño de tela) y estirar suavemente de los bordes (este paso es completamente opcional). Repetir este proceso para las bolitas de masa restantes.

4. Freír los buñuelos, uno a la vez, en el aceite caliente de 20 a 30 segundos por cada lado, volteando una vez, hasta que estén dorados

y crujientes. Colocar los buñuelos fritos en un plato con toallas de papel para absorber el exceso de aceite.

5. Servir tibios o a temperatura ambiente con el jarabe de piloncillo. No espolvorear con azúcar hasta el momento de servirlos.

NOTAS

✴ *Esta receta es fácil de preparar y puedes hacer más de una tanda para almacenar y luego recalentar en el horno a 120°C (250°F) durante 5 minutos.*

✴ *Si deseas que tu jarabe de piloncillo sea más espeso, cocinar a fuego lento durante un período de tiempo más largo. El jarabe se mantendrá en el refrigerador hasta por 1 semana.*

✴ *Puedes sustituir el agua y el extracto de vainilla de la masa por té de anís. Para hacer té de anís, hervir 1½ tazas (360 ml) de agua, luego agregar ½ cucharadita de semillas de anís y dejar que se enfríe. Colar el té y usar la cantidad necesaria para hacer la masa. Otro sustituto del extracto de vainilla es el licor de naranja o el extracto de naranja.*

✴ *Después de formar los buñuelos, algunas personas los colocan sobre una mesa grande cubierta con un mantel limpio, asegurándose de que no se toquen entre sí. Esto secará la masa, haciendo que los buñuelos queden aún más crujientes, y absorberán menos aceite durante la cocción.*

✴ *Si no espolvoreas los buñuelos con azúcar inmediatamente después de freírlos, permanecerán agradables y crujientes hasta por 2 días más; simplemente agrega el azúcar a la hora de servir.*

CHURROS

De niña, los viajes al centro de Tampico significaban una parada obligatoria en el restaurante El Elite. A solo dos cuadras de la catedral, y frente de Sears, este restaurante tiene un puesto en frente donde los transeúntes pueden comprar aguas frescas y el producto más popular del restaurante: churros. Este lugar sigue siendo un ícono en mi ciudad natal. Lee todas las notas e instrucciones de esta receta antes de comenzar para obtener los mejores resultados.

TIEMPO DE PREPARACIÓN:	TIEMPO DE COCCIÓN:	RINDE:
10 minutos	20 minutos	12 churros

2½ tazas (600 ml) de aceite vegetal o de canola, para freír

1 taza (235 ml) de agua

1 cucharadita de extracto de vainilla

⅛ cucharadita de sal

2 cucharadas (30 g) de mantequilla

1 taza (130 g) de harina de trigo de todo uso, tamizada al menos 2 veces

1 huevo grande, batido

½ taza (100 g) de azúcar

1 cucharadita de canela molida (opcional)

NOTAS

* Mantener la temperatura del aceite a 175°C (350°F) es muy importante para esta receta.

* También puedes colocar los churros directamente de la manga al aceite caliente, cortándolos con unas tijeras de cocina para formar los churros. El aceite comenzará a burbujear cuando agregues los churros crudos. En este punto es importante no tocar el churro o el aceite de inmediato, ya que podrías hacer que el churro explote.

1. Calentar el aceite en un sartén grande a 175°C (350°F) mientras se prepara la masa de los churros. Se puede usar un termómetro láser o de caramelo para verificar la temperatura del aceite.

2. Colocar el agua, el extracto de vainilla, la sal y la mantequilla en una olla mediana a fuego medio-alto. Llevar a ebullición, luego agregar toda la harina de una vez. Es muy importante que el agua esté hirviendo al agregar la harina, para que la masa de los churros quede crujiente. Mezclar vigorosamente la masa con una cuchara de madera o una espátula (se debe hacer muy rápido).

3. Retirar la olla del fuego, esperar aproximadamente 1 minuto y luego agregar el huevo. Seguir mezclando hasta que el huevo esté completamente integrado en la masa (también se puede usar una batidora de pie para este paso). Al principio, la masa querrá separarse después de agregar el huevo, pero seguir mezclando hasta que los ingredientes estén bien combinados y se forma una masa tersa y suave que se desprenda del fondo de la olla. Esto tomará unos pocos minutos.

4. Colocar la masa en una manga pastelera con una punta en forma de estrella. Asegurarse de que no haya burbujas de aire en la masa. Cubrir una bandeja con papel para hornear, luego colocar tiras de masa de 15 cm (6 pulgadas) en la bandeja preparada.

5. Freír los churros, de 4 a 6 a la vez, por aproximadamente 2 a 2½ minutos en el aceite caliente hasta que estén dorados, luego voltearlos y continuar friendo para obtener un color dorado y crujiente uniforme, por un total de 4 a 5 minutos. Una vez que los churros estén dorados, sacarlos del aceite caliente y colocarlos en una bandeja cubierta con toallas de papel para absorber el exceso de aceite.

6. Colocar el azúcar (mezclada con la canela, si se usa) en un plato poco profundo y cubra los churros con esta mezcla antes de servir.

CREPAS

En México, las crepas se elaboran con rellenos dulces y salados, pero las crepas dulces son más comunes. Uno de los rellenos dulces más populares es la cajeta, que es similar al dulce de leche, pero se elabora con leche de cabra. He vivido dos veces en la ciudad de Toluca, cerca de la Ciudad de México, y mientras vivía allí, aprendí sobre el gusto de los Toluqueños por las crepas, especialmente en fiestas y otras reuniones sociales. Por lo general, hago crepas cuando queremos un postre rápido que no requiere horneado. En mi casa, las rellenamos con fresas y crema para una postre perfecto después de la cena.

TIEMPO DE PREPARACIÓN:	TIEMPO DE COCCIÓN:	RINDE:
10 minutos	20 minutos	12 crepas

¾ taza (100 g) de harina de trigo de todo uso 2 huevos

1¼ tazas (300 ml) de leche entera

½ cucharadita de azúcar

Pizca de sal

¼ taza (60 ml) de aceite vegetal o mantequilla derretida, y más aceite o mantequilla para engrasar

NOTA

Las crepas se pueden refrigerar hasta por 6 días. Vuelve a calentarlas, una a la vez, en un sartén a fuego lento durante unos 30 segundos por lado.

1. Agregar la harina, los huevos, la leche, la azúcar y la sal en un tazón grande. Mezclar y luego agregar el aceite. Mezclar los ingredientes hasta que la masa tenga una textura uniforme. Dejar a un lado.

2. Calentar un sartén antiadherente mediano a fuego medio-alto. Engrasar el sartén con un poco de aceite o mantequilla (se puede usar una brocha de pastelería o una toalla de papel para aplicarlo). Cubrir un plato con toallas de papel.

3. Vaciar ¼ de taza (60 ml) de la masa en el sartén. Incline el sartén para asegurarse de que la masa cubra completamente toda la superficie plana. Cocinar hasta que la orilla de la crepa se vea un poco seca y comiencen a levantarse, de 1 a 2 minutos. Voltear a la crepa y cocinar durante unos 10 segundos, o hasta que se formen manchas color café en la parte de abajo de la crepa. Retirarla y colocarla en el plato preparado. Repetir este proceso con la masa restante.

4. Para servir, rellenar las crepas con un relleno dulce o salado y doblarlas por la mitad o en cuartos (también se pueden enrollar como un taco).

FLAN

Esta es una receta de flan muy popular en México. Se elabora con huevos, leche condensada y leche evaporada, y se cubre con un ligero almíbar de caramelo. También puedes hacer este flan con queso crema o leche de coco para darle un sabor y una textura diferente.

TIEMPO DE PREPARACIÓN: 15 minutos	TIEMPO DE COCCIÓN: 50 minutos	RINDE: 12 porciones

1 taza (200 g) de azúcar

2 cucharadas (30 ml) de agua

1 lata (397 ml/14 onzas) de leche condensada

1 lata (354 ml/12 onzas) de leche evaporada

6 huevos grandes

1 cucharadita de extracto de vainilla

NOTAS

✖ *Si deseas que tu flan tenga una textura aún más cremosa, agregar un paquete de 225 g (8 onzas) de queso crema a la licuadora cuando estés preparando la mezcla de leche y huevo en el paso 3.*

✖ *El flan se conserva bien en el refrigerador hasta por 4 días.*

1. Colocar el azúcar y el agua en una olla mediana a fuego alto. Dejar hervir hasta que el azúcar se disuelva. Reducir el fuego y seguir hirviendo hasta que el almíbar tenga un color caramelo claro, unos 10 minutos.

2. Vaciar el caramelo en un molde para horno redondo de 20 cm (8 pulgadas), girándolo para que el caramelo cubra uniformemente el fondo. Dejar enfriar completamente. Precalentar el horno a 160°C (325°F).

3. Agregar las leches condensadas y evaporadas, los huevos y el extracto de vainilla a una licuadora y licuar hasta obtener una mezcla uniforme. Vaciar lentamente esta mezcla en el molde con el caramelo enfriado y cubrir con papel de aluminio.

4. Para el baño maría, colocar este molde dentro de un molde para hornear más grande. Agregar agua tibia al molde más grande hasta que tenga 2 cm (¾ de pulgada) de profundidad.

5. Hornear unos 50 minutos o hasta que el flan se vea firme. Seguirá cocinándose mientras se enfríe, así que no dejar que se quede en el horno por más tiempo. Dejar que se enfríe en el molde durante al menos 6 horas antes de servir.

6. Una vez que el flan se haya enfriado, pasar un cuchillo entre el flan y los lados del molde. Colocar un plato grande para servir encima del molde e invertirlo rápidamente para evitar derramar cualquier líquido del recipiente. Retirar el molde del flan y servir.

GELATINA DE MOSAICO

A los mexicanos nos encantan las gelatinas de todas las formas, tamaños y colores. Puedes encontrar gelatinas de colores que se venden en mercados, ferias estatales, plazas comerciales y carritos de comida. Se pueden preparar a base de agua o leche, y pueden tener uno o varios sabores. Algunas personas las hacen con diseños complejos, que incluyen desde flores y corazones hasta mariposas. Esta es una gelatina colorida que es perfecta para la fiesta de cumpleaños de un niño, y tanto a los niños como a los adultos les encanta.

TIEMPO DE PREPARACIÓN: 30 minutos más 8 horas de tiempo de enfriamiento	TIEMPO DE COCCIÓN: 10 minutos	RINDE: 16 porciones

1 caja (85 g/3 onzas) de gelatina de cereza

1 caja (85 g/3 onzas) de gelatina de fresa

1 caja (85 g/3 onzas) de gelatina de naranja

1 caja (85 g/3 onzas) de gelatina de limón

4 tazas (950 ml/1 cuarto de galón) de agua

1 cucharada (15 ml) de aceite vegetal

¾ taza (180 ml) de agua fría

4 paquetes (7 g/¼ de onza cada uno) de gelatina sin sabor

1 lata (397 g/14 onzas) de leche condensada

1 lata (354 ml/12 onzas) de leche evaporada

1 lata (225 g/7.6 onzas) de media crema o 1 taza (235 ml) de crema para batir

2 cucharaditas de extracto de vainilla

1. Vaciar cada uno de los 4 sabores de gelatina en recipientes separados resistentes al calor. En una olla grande a fuego alto llevar el agua a ebullición y luego vaciar 1 taza (235 ml) de agua hirviendo en cada recipiente. Revolver bien cada gelatina, asegurándose de que todos los gránulos se hayan disuelto. Dejar los recipientes a un lado para que se enfríen y luego refrigerarlos durante 2 horas. Si se desea, se puede hacer este paso un día antes de preparar este postre.

2. Engrasar el interior de un molde rectangular de 18 x 28 cm (7 x 11 pulgadas) o un molde de rosca con aceite vegetal para que la gelatina se desmolde fácilmente. Sacar las 4 gelatinas de sabor del refrigerador y córtalas en cubos de 1 o 1.3 cm (⅜ o ½ pulgada). Evite cortarlos más pequeños. Colocar aproximadamente una cuarta parte de los cubos de gelatina con sabor en el fondo del molde engrasado. Mezclar los colores para darle a la gelatina una apariencia bonita y colorida.

3. Vaciar el agua fría en un recipiente mediano resistente al calor, luego agregar la gelatina sin sabor. Mezclar bien para disolver los grumos. Reposar por 5 minutos para permitir que la gelatina se active. Colocar este recipiente en el microondas y calentar durante 45 segundos hasta que la gelatina se disuelva y esté completamente líquida. También se puede calentar el recipiente a baño María durante unos 5 minutos. Dejar que la mezcla se enfríe por completo.

4. Vaciar la leche condensada y evaporada y la media crema en una licuadora, junto con el extracto de vainilla. Licuar a velocidad alta durante 30 segundos, luego agregar la gelatina líquida sin sabor, poco a poco. Apagar la licuadora cuando todos los ingredientes de la mezcla estén bien combinados. Vaciar esta mezcla en el molde con

los cubitos de gelatina de sabor, luego agregar el resto de los cubos, mezclando los colores. Refrigerar durante 8 horas o toda la noche.

5. Para servir, sacar la gelatina del refrigerador y dejar que alcance la temperatura ambiente. Pasar un cuchillo por los bordes del molde, luego colocar un plato encima del molde e invertirlo rápidamente para desmoldar la gelatina. Para servir, cortar en cuadros.

NOTAS

* *La gelatina sin sabor debe enfriarse completamente en el paso 4, porque si aún está tibia, cuajará las leches y estropeará toda la mezcla.*

* *Lo mejor es refrigerar la gelatina de mosaico durante 8 horas, o durante toda la noche, de esta forma estará firme y más fácil de cortar y sacar del molde a la hora de servir. Si tienes prisa, el tiempo mínimo que debes refrigerarla es de 6 horas.*

* *Si no deseas desmoldar la gelatina, puedes cortar y servir la gelatina en el mismo molde.*

PASTEL DE CUMPLEAÑOS

Esta receta es para un pastel que mi familia conoce simplemente como "pastel de cumpleaños", ya que solo lo hago para los cumpleaños. Por supuesto, esto no significa que no se pueda hacer en otras ocasiones, pero para mi familia, es un gusto especial. Mi vecina Tey me dio esta receta cuando vivíamos en Toluca a principios de la década de los 1980s. Recuerdo que estaba celebrando el cumpleaños de su hija, y mientras yo me servía una segunda porción del pastel, pensé: "Necesito saber cómo hacer esto". Al crecer, me gustaban los pasteles de cumpleaños decorados con merengue; tienen un sabor a la antigua que no encuentras hoy en día.

TIEMPO DE PREPARACIÓN:	TIEMPO DE COCCIÓN:	RINDE:
40 minutos	45 minutos	12 porciones

PASTELES

2 barras (240 g) de mantequilla sin sal, a temperatura ambiente, y más para preparar los moldes

3 tazas (390 g) de harina de trigo de todo uso, tamizada, y más para preparar
los moldes

3 cucharaditas de polvo de hornear

½ cucharadita de sal

1½ tazas (300 g) de azúcar

4 huevos grandes, a temperatura ambiente

Ralladura de 1 naranja

1 taza (235 ml) de jugo de naranja natural

1½ tazas (435 g) de mermelada de fresa o mermelada de naranja

ACABADO DE MERENGUE

1¼ tazas (250 g) de azúcar

¼ taza (60 ml) de agua

4 claras de huevo grandes

1 cucharadita de extracto de vainilla

½ cucharadita de jugo de limón o ¼ de cucharadita de crémor tártaro

1. Para hacer los pasteles: Precalentar el horno a 175°C (350°F). Untar con mantequilla y enharinar dos moldes para pasteles de 23 x 5 cm (9 x 2 pulgadas) de profundidad, sacudiendo el exceso de harina.

2. Colocar la harina, el polvo de hornear y la sal en un tazón mediano y mezclar. Dejar a un lado.

3. En un tazón grande, usando una batidora de mano (o una batidora de pie equipada con el accesorio para batir), batir la mantequilla y el azúcar hasta que la mezcla esté ligera y cremosa, unos 3 minutos. Usar una espátula de silicona para raspar los lados del tazón para asegurarse de que la mantequilla y el azúcar estén bien combinados. Agregar los huevos, uno a la vez, batiendo a alta velocidad, luego incorporar la ralladura de naranja y mezclar unos 2 minutos. Reducir la velocidad a baja y agregar los ingredientes secos y el jugo de naranja al tazón, alternando los ingredientes, agregando un poco de la mezcla de harina seguido de un poco de jugo de naranja y repitiendo hasta que todos los ingredientes estén combinados. Es posible que se necesite usar la espátula para asegurarse de que la masa esté bien mezclada y que no haya grumos de harina en el fondo del tazón. Dividir la mezcla entre los dos moldes preparados.

4. Hornear de 28 a 30 minutos, o hasta que, al insertar un palillo en el centro de los pasteles, éste salga limpio. Retirar del horno y dejar enfriar completamente antes de sacar de los moldes. Dejar a un lado.

(continuado)

5. Para hacer la cobertura de merengue: Colocar el azúcar y el agua en una olla pequeña a fuego medio-alto. Cocinar a fuego lento para disolver el azúcar, haciendo girar la olla para asegurarse de que todo el azúcar se disuelva. Una vez que la azúcar esté líquida, retirar del fuego y reservar.

6. Colocar las claras de huevo en un tazón grande y batir a alta velocidad, usando una batidora de pedestal o de mano, hasta que empiecen a ponerse espumosas. Agregar el extracto de vainilla y el jugo de limón. Continuar batiendo a alta velocidad y agregar lentamente el jarabe de azúcar caliente, vertiendo lentamente el jarabe por un lado del tazón. El merengue estará listo cuando forme picos suaves y brillantes que mantienen su forma. Esto toma de 6 a 7 minutos y el merengue aún debe sentirse tibio.

7. Una vez que los pasteles se hayan enfriado, es hora de armarlos. Asegurarse de que la parte superior de ambos pasteles esté nivelada, ya que se superpondrán entre sí. Si no están nivelados, cortar la parte superior con un cuchillo de sierra.

8. Colocar un pastel en un plato grande y redondo para pasteles o en un plato para servir. Calentar la mermelada de fresas en el microondas o a baño maría, lo suficiente para que se pueda untar. Extender la mermelada caliente de manera uniforme sobre la parte superior de este pastel. Colocar el segundo pastel/capa encima de este pastel.

9. Para decorar, agregar un cuarto del merengue encima del pastel y extenderlo hacia los costados del pastel con una espátula. Seguir agregando más merengue por etapas hasta que todo el pastel esté cubierto. Esperar al menos 1 hora antes de servir el pastel para permitir que el merengue y la mermelada se enfríen y ayuden a estabilizar el pastel; de lo contrario, las capas del pastel se separarán al cortarlo.

10. Cortar el pastel en porciones y servir en platos pequeños.

NOTAS

* *Todos los ingredientes de esta receta, para los panes del pastel y la cobertura de merengue, deben estar a temperatura ambiente.*

* *Si solo tienes mantequilla salada para hacer el pastel, omite la ½ cucharadita de sal.*

* *Si te gusta una cantidad generosa de merengue en tu pastel, agregar una clara de huevo extra al hacer el merengue.*

* *El pastel debe estar completamente frío antes de decorar.*

* *En lugar del merengue, puedes decorar el pastel con crema batida. Hazlo siguiendo las instrucciones de la receta del Pastel de tres leches (ver siguiente página).*

PASTEL DE TRES LECHES

El pastel de tres leches se hace en México y otros países de Latinoamérica, y consiste de un pastel empapado en una mezcla de diferentes leches y cremas. Se llama tres leches porque está hecho con leche condensada, leche evaporada y media crema. Esta receta es un poco diferente a otras, lo cual hace que sea en un pastel con una textura más densa que las recetas que usan una masa esponjosa de huevo. Este pastel tardará un poco más en absorber la mezcla de leches, pero créeme, la espera vale la pena.

TIEMPO DE PREPARACIÓN: 30 minutos más 6 a 8 horas de tiempo de reposo	**TIEMPO DE COCCIÓN:** 35 minutos	**RINDE:** 12 porciones

PASTEL

1 barra (120 g) de mantequilla sin sal, derretida y enfriada, y más para preparar el molde

1¼ tazas (165 g) de harina de trigo de todo uso, tamizada, y más para preparar el molde

1 cucharadita de polvo de hornear

¼ cucharadita de sal

5 huevos grandes

1 taza (200 g) de azúcar

1 cucharadita de extracto de vainilla

MEZCLA DE LECHES

1 lata (397 g/14 onzas) de leche condensada

1 lata (354 ml/12 onzas) de leche evaporada

1 lata (225 g/7.6 onzas) de media crema o 1 taza (240 g) de crema para batir

1½ cucharaditas de extracto de vainilla

ACABADO DE CREMA BATIDA

1¼ tazas (300 ml) de crema para batir

¼ taza (45 g) de azúcar extrafina

1 cucharadita de extracto de vainilla

PARA ADORNAR Y SERVIR

Frutas frescas variadas o enlatadas, como duraznos, mangos, fresas, kiwis, etc.

1. Para hacer el pastel: Precalentar el horno a 160°C (325°F). Colocar la rejilla del horno en la posición media. Untar con mantequilla y harina un molde de pastel de 33 x 23 cm (13 x 9 pulgadas) y dejar a un lado.

2. Colocar la harina, el polvo de hornear y la sal en un tazón mediano y mezclar.

3. Batir los huevos, uno a la vez, en un tazón grande con una batidora de mano a velocidad media. Batir durante 45 a 60 segundos cada uno. Una vez que se hayan batido todos los huevos, agregar lentamente la azúcar hasta que esté completamente incorporada. La mezcla de huevo quedará muy esponjosa y se adquirirá de un color amarillo pálido.

4. Reducir la velocidad de la batidora a baja, luego agregar lentamente la mantequilla derretida, poco a poco, seguida del extracto de vainilla. Apagar la batidora una vez que estos ingredientes estén combinados.

5. Agregar la mezcla de harina, cucharada a cucharada, e incorporarla suavemente en la mezcla de huevo con una espátula. Mezclar hasta que esté bien combinado, pero no mezclar demasiado. Vaciar la mezcla en el molde preparado, usando una espátula para ayudar a esparcirla uniformemente.

(continuado)

6. Hornear por 30 a 35 minutos, o hasta que el pastel luzca dorado y al insertar un palillo en su centro este salga limpio. Retirar del horno y transferir a una rejilla para enfriar por completo. Perforar toda la parte superior del pastel con un palillo o un tenedor; estos ayudarán a que el pastel absorba mejor la mezcla de leches.

7. Para hacer la mezcla de leches: Mezclar la leche condensada, evaporada y la media crema en una olla mediana. Agregar el extracto de vainilla y luego calentar los ingredientes a fuego lento hasta que estén completamente combinados. Retirar del fuego y dejar a un lado.

8. Una vez que el pastel se haya enfriado, rociar lentamente la mezcla de leche sobre el pastel. Cubrir el pastel con una envoltura de plástico y refrigerar de 6 a 8 horas, o durante la noche, para obtener mejores resultados; esto permitirá que el pastel absorba completamente el líquido.

9. Para hacer la cobertura de crema batida: Colocar la crema para batir, la azúcar extrafina y el extracto de vainilla en un tazón grande frío. Usando una batidora de mano a velocidad media, mezclar los ingredientes hasta que se formen picos suaves, aproximadamente 2 minutos.

10. Para armar el pastel, esparcir la crema batida por todo el pastel con una espátula. Mantener refrigerado hasta que esté listo para servir.

11. Decorar con fruta variada justo antes de cortar y servir.

NOTAS

* *Si deseas que tu pastel sea un poco más alto, usa un molde de 18 x 28 cm (7 x 11 pulgadas) o un molde de 20 x 20 cm (8 x 8 pulgadas).*

* *La mantequilla se debe derretir y enfriar, de lo contrario la mezcla de huevo se desinflará, dando como resultado un pastel plano. Si solo tienes mantequilla salada para hacer la mezcla del pastel, omite ¼ de cucharadita de sal.*

* *Algunas personas mezclan las leches mientras están frías y luego proceden a vaciar la mezcla sobre el bizcocho. Siento que calentar las leches las ayuda a combinarse mejor y realza los sabores del pastel.*

* *A algunos cocineros les gusta agregar un poco de ron o brandy al pastel. Si deseas hacer esto, agregar ¼ taza (60 ml) a la mezcla de leches cuando agregues el extracto de vainilla en el paso 7.*

* *Pongo las aspas de la batidoras en el congelador y el bol en el refrigerador antes de hacer la crema batida. Este truco siempre ayuda a lograr una crema batida suave y esponjosa.*

* *Si deseas que la fruta de la parte superior del pastel luzca brillante, usa una brocha de pastelería para glasearla con una mezcla de mermelada de chabacano (albaricoque) y agua. Para hacer el glaseado, mezclar ¼ taza (60 ml) de agua y ¼ taza (75 g) de mermelada de chabacano en una olla pequeña. Calentar a fuego lento hasta que se forme un almíbar ligero, unos 5 minutos. Dejar enfriar completamente antes de glasear la fruta.*

TAMALES DULCES (ROSAS)

Al hacer tamales salados, algunas familias separan una pequeña cantidad de masa para hacer estos tamales, que llamamos "tamales dulce" o "tamales de dulce". Existe la versión simple que solo contiene un poco de azúcar, pero también puedes agregar rellenos, como uvas pasas, trozos de piña y coco rallado, solo por nombrar algunos. Las uvas pasas son la adición más popular.

TIEMPO DE PREPARACIÓN:	TIEMPO DE COCCIÓN:	RINDE:
40 minutos	1 hora	10 tamales

10 hojas de maíz grandes, y 10 adicionales para la olla de vapor

1 barra (120 g) de mantequilla sin sal o manteca de cerdo, a temperatura ambiente

1½ tazas (180 g) de harina de maíz

¼ cucharadita de polvo de hornear

6 cucharadas (75 g) de azúcar

1½ tazas (360 ml) de agua tibia

6 gotas de colorante rojo para alimentos

2 cucharadas (18 g) de uvas pasas

1. Colocar todas las hojas de maíz en un tazón grande y cubrirlas con agua caliente para ablandarlas; esto ayudará a que las hojas se ablanden y se puedan doblar fácilmente al preparar los tamales. Retirar las hojas, colar el exceso de agua y reservar.

2. Colocar la mantequilla en un tazón grande, luego batirla con una batidora de mano o de pie durante un par de minutos hasta que tenga una textura cremosa, aproximadamente 2 minutos. Continuar batiendo la mantequilla, luego agregar lentamente la harina de maíz, el polvo de hornear y la azúcar. Mezclar bien, luego agregar el agua tibia, poco a poco, hasta que la masa tenga una textura suave. Mientras se mezclan los ingredientes, agregar el colorante para alimentos, mezclando bien para obtener un color uniforme. La masa debe verse ligeramente rosada. Agregar las pasas. A menos que se use una batidora de pie, batir la masa con las manos o con una cuchara de madera hasta que obtener una textura cremosa. La masa será demasiado pesada para trabajar con una batidora de mano. La masa estará lista cuando se vea esponjosa y cremosa, como un helado muy suave. Si la masa parece demasiado seca, agregar un poco más de agua. La consistencia tiene que ser muy suave.

3. Para armar los tamales: Colocar una hoja de maíz en la superficie de trabajo con el extremo ancho hacia ti. Colocar aproximadamente 1/3 de taza (80 g) de la masa en el centro de la hoja de maíz, más cerca del fondo de la hoja (el extremo ancho). Con el dorso de una cuchara grande, distribuir uniformemente la masa hacia los bordes izquierdo, derecho e inferior. La masa debe llegar hasta el borde inferior (o justo antes), pero dejando 2.5 cm (1 pulgada) de espacio en los lados izquierdo y derecho. Doblar los lados derecho e izquierdo de la hoja de maíz hacia el centro, superponiéndolos y cubriendo completamente la masa. Luego, doblar el extremo estrecho de

la hoja hacia el centro. Repetir este proceso con las 9 hojas de maíz restantes y la masa. Por lo general, coloco los tamales formados en una bandeja mientras los armo.

4. Para cocinar los tamales al vapor, colocar una rejilla para vaporera dentro de una olla grande. Agregar suficiente agua tibia para que casi llegue a la rejilla de la vaporera, luego cubrir la rejilla con una capa de hojas de maíz. Colocar los tamales en la olla en posición vertical, con los extremos abiertos hacia arriba. Cubrirlos con una capa generosa de hojas y luego tapar la olla. Cocinar los tamales al vapor por aproximadamente 1 hora a fuego medio. Durante la cocción al vapor, revisar la olla para ver si tiene suficiente agua (tener cuidado al quitar la tapa), agregando más si es necesario (ver Notas). Para comprobar si los tamales están listos, retirar uno de la olla, esperar 5 minutos y luego abrirlo. Si la hoja se separa fácilmente de la masa al abrirlo, significa que el tamal está listo. Si la masa se pega a la hoja, regresar el tamal a la olla y cocinar por 15 minutos más.

5. Servir los tamales calientes, dejándolos reposar 5 minutos para que la masa se afirme.

NOTAS

✳ *Siempre puedes omitir el colorante artificial, o puedes comprar colorante para alimentos natural en tiendas especializadas u orgánicas.*

✳ *Prueba la masa para degustar su dulzura. Es posible que desees agregar un poco más de azúcar si te gustan más dulces.*

✳ *Si necesitas agregar más agua a la olla al cocinar los tamales al vapor, asegúrate de vaciarla lo más cerca posible de la pared de la olla, evitando mojar los tamales. Si le entra agua en los tamales, perderán su sabor y la masa quedará empapada.*

✳ *Puedes guardar los tamales en bolsas para congelador hasta por 4 meses. Para recalentarlos, descongélalos y luego colócalos en una olla a vapor durante 10 a 15 minutos. También puedes meterlos en el microondas a temperatura alta durante aproximadamente 1 minuto.*

TAMALES DE PIÑA

Los tamales de piña son uno de los tamales dulces más populares en México, después de los Tamales dulces (rosas) (página 168). Estos tamales por lo regular se hacen solo con piña en la masa, pero para esta receta agregué pasas, coco rallado y nueces pecanas picadas. Son un excelente postre servido con una taza de café. Si lo deseas, puedes acompañarlos con crema batida o bañarlos con leche condensada.

TIEMPO DE PREPARACIÓN:	TIEMPO DE COCCIÓN:	RINDE:
35 minutos	45 minutos	12 tamales pequeños

12 hojas de maíz pequeñas, y 10 adicionales para la olla de vapor

1 barra (120 g) de mantequilla, a temperatura ambiente

2 tazas (240 g) de harina de maíz

6 cucharadas (75 g) de azúcar

½ cucharadita de polvo de hornear

¾ taza (180 ml) de jugo de piña (de la lata de piñas) o agua

1 cucharadita de extracto de vainilla

⅔ taza (130 g) de piña enlatada en cubitos

¼ taza (35 g) de uvas pasas

¼ taza (18 g) de coco rallado sin azúcar

¼ taza (25 g) de nueces pecanas picadas

1. Colocar todas las hojas de maíz en un tazón grande y cubrirlas con agua caliente para ablandarlas; esto ayudará a que las hojas se ablanden y se doblen fácilmente al preparar los tamales. Retirar las hojas, escurrir el exceso de agua y reservar.

2. Colocar la mantequilla en un tazón grande, luego batirla con una batidora de mano o una espátula durante un par de minutos, hasta que tenga una textura cremosa. Agregar gradualmente la harina de maíz, la azúcar, el polvo de hornear, el jugo de piña y el extracto de vainilla al tazón con la mantequilla. Mezclar bien, batiendo con un batidor o batidora de mano, hasta obtener una masa suave, cremosa y esponjosa. Incorporar la piña picada, las pasas, el coco rallado y las nueces a la masa con una espátula.

3. Para armar los tamales, colocar una hoja de maíz en la superficie de trabajo con el extremo ancho hacia ti. Colocar aproximadamente ¼ taza (60 g) de la masa en el centro de la hoja de maíz, más cerca del fondo de la hoja (el extremo ancho). Con el dorso de una cuchara grande, distribuir uniformemente la masa hacia los bordes izquierdo, derecho e inferior. La masa debe llegar hasta el borde inferior (o justo antes), pero dejando 2.5 cm (1 pulgada) de espacio en los lados izquierdo y derecho. Doblar los lados derecho e izquierdo de la hoja de maíz hacia el centro, superponiéndolos y cubriendo completamente la masa y el relleno. Luego, doblar el extremo estrecho de la hoja hacia el centro. Repetir este proceso con las 11 hojas de maíz restantes y la masa. Por lo general, coloco los tamales formados en una bandeja mientras los armo.

4. Para cocinar los tamales al vapor, colocar una rejilla para vaporera dentro de una olla grande. Agregar suficiente agua tibia para que casi llegue a la rejilla de la vaporera, luego cubrir la rejilla con una capa de hojas de maíz. Colocar los tamales en la olla en posición

vertical, con los extremos abiertos hacia arriba. Cubrirlos con una capa generosa de hojas y luego tapar la olla. Cocinar los tamales al vapor durante unos 45 minutos a fuego medio. Durante la cocción al vapor, revisar la olla para ver si tiene suficiente agua (tener cuidado al quitar la tapa), agregando más si es necesario (ver Notas). Para comprobar si los tamales están listos, retirar uno de la olla, esperar 5 minutos y luego abrirlo. Si la hoja se separa fácilmente de la masa al abrirla, significa que el tamal está listo. Si la masa se pega a la hoja, regresar el tamal a la olla y cocinar por 15 minutos más.

5. Servir los tamales calientes dejándolos reposar durante 5 minutos para que la masa se afirme.

NOTAS

* Si deseas hacer tamales más grandes, deberás cocinarlos al vapor durante aproximadamente una hora.

* Si necesitas agregar más agua a la olla al cocinar los tamales al vapor, asegúrate de vaciarla lo más cerca posible de la pared de la olla, evitando mojar los tamales. Si le entra agua en los tamales, perderán su sabor y la masa quedará empapada.

* Puedes guardar los tamales en bolsas plásticas en tu congelador hasta por 4 meses. Para recalentarlos, descongelarlos y luego colocarlos en una olla a vapor de 10 a 15 minutos. También puedes meterlos en el microondas a temperatura alta durante aproximadamente 1 minuto.

AGUA DE HORCHATA

Una bebida dulce y refrescante, la horchata por lo regular se sirve durante la comida o la cena, o se disfruta sola a cualquier hora del día, especialmente durante la temporada de verano. Su sabor fresco y cremoso la convierte en una excelente bebida para tener a mano cuando te encuentras comiendo un comida picante. La horchata es la más común de las aguas frescas en México. Suele estar elaborada con arroz, canela y extracto de vainilla, pero en el sur del país también la puedes encontrar hecha de almendra o coco. A algunas personas les gusta agregar leche en la preparación de esta bebida, como a mí, mientras que otras la prefieren sin ella.

TIEMPO DE PREPARACIÓN: 5 minutos más 8 horas de tiempo de remojo (ver notas)	**RINDE:** 3 litros (3 cuartos de galón)

2 tazas (360 g) de arroz blanco de grano largo

1 rama de canela mexicana

4 tazas (950 ml 1 cuarto de galón) de agua caliente

1 taza (235 ml) de leche entera (opcional)

2 cucharaditas de extracto de vainilla

6 tazas (1.5litros/1½ cuartos de galón) de agua

¾ taza (150 g) de azúcar

Cubos de hielo, para servir

Canela molida, para espolvorear (opcional)

1. Colocar el arroz y la canela en rama en un tazón de vidrio grande y agregar el agua caliente. Cubrir el recipiente con un plato o envoltura de plástico, luego dejarlo en remojo durante 8 horas o toda la noche.

2. Vaciar el arroz, la canela y el agua en una licuadora y licuar hasta que se convierta en una mezcla tersa y líquida.

3. Através de un colador, colar la mezcla en una jarra de boca ancha, revolviendo para ayudar a que pase el líquido.

4. Agregar la leche (si se usa), el extracto de vainilla y las 6 tazas de agua. Agregar el azúcar, luego refrigerar hasta servir.

5. Revolver bien antes de servir porque la mezcla de arroz tiende a asentarse en el fondo. Servir en vasos con cubos de hielo y espolvorear con la canela (si se usa).

NOTAS

* Si tienes una licuadora de alta potencia, no necesitarás dejar reposar el arroz para ablandarlo, ya que la licuadora será lo suficientemente potente como para moler los granos duros de arroz. Además, probablemente no necesitarás usar un colador para colar el agua de arroz, ya que la mezcla de arroz se procesará finamente.

* Prueba siempre la bebida antes de agregar el azúcar en el paso 4. Es posible que prefieras más o menos azúcar que la cantidad indicada en los ingredientes.

* Si encuentras que la consistencia de la horchata es demasiado espesa o densa para tu gusto, simplemente agrega más agua.

* Esta bebida se puede refrigerar hasta por 2 días.

AGUA DE JAMAICA

Las flores de Jamaica se utilizan en diferentes partes del mundo para hacer un té frío o caliente endulzado con azúcar. En México, además de ser una de las aguas frescas más populares, muchas personas la beben por sus beneficios para la salud, creyendo que puede reducir la presión arterial alta. También tiene efectos diuréticos. El sabor de esta bebida es ácido, similar al sabor del jugo de arándano. De las muchas aguas frescas, esta es mi favorita. También me gusta porque es fácil de preparar y se puede guardar en el refrigerador durante varios días.

TIEMPO DE PREPARACIÓN: 25 minutos más 2 horas de enfriamiento	**TIEMPO DE COCCIÓN:** 5 minutos	**RINDE:** 2 litros (2 cuartos de galón)

1¼ tazas (50 g) de flores de Jamaica secas

7 tazas (1.7 litros) de agua, cantidad dividida

½ taza (100 g) de azúcar

2 tazas (280 g) de cubos de hielo

1. Colocar las flores de Jamaica secas en una olla pequeña con 3 tazas (700 ml) de agua. Dejar hervir a fuego medio-alto, luego reducir el fuego a medio-bajo y cocinar durante unos 5 minutos. Retirar la olla del fuego y dejar reposar el té de Jamaica durante al menos 25 minutos.
2. Colar el líquido en una jarra y agregar las 4 tazas restantes (950 ml/ 1 cuarto de galón) de agua y el azúcar. Se puede ajustar la cantidad de agua añadida si se cree que la bebida sabe demasiado ácida para el gusto.
3. Revolver los ingredientes, agregar los cubos de hielo y luego dejarla enfriar durante al menos 2 horas.

NOTAS

- *Si tienes prisa, puedes acelerar el proceso de reposo del té caliente agregando de 4 a 5 tazas (885 g to 1.1 kg) cubos de hielo en lugar de las 4 tazas (950 ml/ 1 cuarto de galón) de agua en el paso 2.*
- *Prueba siempre la bebida antes de agregar el azúcar en el paso 2. Puedes preferir más o menos azúcar que la cantidad indicada en los ingredientes.*
- *Esta bebida se puede refrigerar hasta por 4 días.*

AGUA DE TAMARINDO

En México, el tamarindo se usa para preparar bebidas frías, bebidas calientes y muchos dulces, como helados y paletas. El tamarindo también se puede usar como salsa para algunos platillos, pero el uso más común es para hacer esta refrescante bebida. En los Estados Unidos, puedes comprar vainas de tamarindo en los mercados asiáticos, caribeños, africanos y de la India, ya que es ampliamente conocido en esas culturas; también puedes comprarlos por internet.

TIEMPO DE PREPARACIÓN: 10 minutos más 2 horas de tiempo de remojo	**TIEMPO DE COCCIÓN:** 15 minutos	**RINDE:** 2 litros (2 cuartos de galón)

225 g (8 onzas) de vainas de tamarindo (aproximadamente 2 tazas)

8 tazas (2 litros/2 cuartos de galón) de agua, cantidad dividida

½ taza (100 g) de azúcar

Cubos de hielo, para servir

1. Pelar las vainas de tamarindo, asegurándose de quitar la mayor parte de las cáscaras.

2. Agregar las vainas de tamarindo peladas y 4 tazas (950 ml/1 cuarto de galón) de agua a una olla mediana a fuego medio-alto. Llevar a ebullición, luego reducir el fuego a lento y cocinar durante unos 15 minutos. Retirar del fuego y apartarlo. Dejar reposar el tamarindo durante unas 2 horas; esto ayudará a ablandar la pulpa y enfriar el agua.

3. Usar un colador para colar la pulpa en una jarra de boca ancha. Se deberá usar los dedos para pasar la mayor cantidad de pulpa posible a través del colador. Debería quedarse solo con las semillas y las venas en el colador; el resto de la pulpa estará en la jarra.

4. Agregar el azúcar y las 4 tazas restantes (950 ml /1 cuarto de galón) de agua, revolver y luego refrigerar hasta servir.

5. Revolver antes de servir. Servir en vasos con cubos de hielo.

NOTAS

✘ *Si no puedes encontrar vainas de tamarindo, algunos mercados étnicos venden pulpa de tamarindo prensada en forma de ladrillo y envuelta en plástico. Para preparar la bebida con este producto, ablandar la pulpa con agua tibia y luego continuar con el paso 2.*

✘ *Prueba siempre la bebida antes de agregar el azúcar en el paso 4. Es posible que prefieras más o menos azúcar que la cantidad indicada en los ingredientes.*

✘ *Esta bebida se puede refrigerar hasta por 4 días.*

ATOLE BLANCO

Los atoles son bebidas calientes que en general se espesan con masa fresca de maíz o fécula de maíz. Las personas en las áreas urbanas prefieren ambas versiones, pero en las áreas rurales, los atoles de masa de maíz son los más comunes. Esta bebida es parte de la dieta diaria de muchas personas que viven en las zonas rurales de México, donde se consume para el desayuno o la cena. Desde la época prehispánica, el atole frecuentemente se ha considerado más una comida que una bebida. Hasta el día de hoy, algunos campesinos solo toman un atole en el desayuno antes de salir a trabajar al campo. Esta bebida es deliciosa para disfrutar durante los meses de invierno.

TIEMPO DE PREPARACIÓN: 5 minutos	TIEMPO DE COCCIÓN: 15 minutos	RINDE: 950 ml (1 cuarto de galón)

4 tazas (1 cuarto de galón) de leche entera

⅓ taza (65 g) de azúcar

6 cucharadas (45 g) de harina de maíz

¾ taza (180 ml) de agua

1. Mezclar la leche y la azúcar en una olla grande. Encender el fuego a medio-alto.

2. En un tazón pequeño, mezclar la harina de maíz con el agua. Revolver bien para disolver los grumos.

3. Una vez que la leche hierva, agregar lentamente la mezcla de harina de maíz y agua. Llevar a ebullición una vez más, luego reducir el fuego a medio-bajo y cocinar hasta que el atole se espese, de 6 a 8 minutos, revolviendo ocasionalmente para evitar que se pegue al fondo de la olla. Una vez que el atole comience a enfriarse, se espesará aún más.

4. Servir en tazas. Tener cuidado antes de beber, ya que su consistencia espesa mantiene la bebida muy caliente.

NOTAS

✕ *Prefiero la leche entera, pero puedes usar cualquier otro tipo de leche que te guste.*

✕ *Cuando era niña, mi mamá solía darnos esta bebida (sin la leche) cuando estábamos enfermos. Para hacer un atole simple, sustituye la cantidad de leche por agua.*

✕ *La marca o tipo de harina de maíz que uses afectará el espesor del atole.*

ATOLE DE ARROZ

Hay algunos atoles que no se elaboran con harina o masa de maíz, como es el caso de este atole de arroz. El atole de arroz es un remedio común para las dolencias del estómago cuando se prepara solo con agua, canela y un poco de azúcar. También se le da a personas que siguen una dieta blanda o que padecen de molestias estomacales. Por supuesto, también puedes hacerlo solo para disfrutarlo.

TIEMPO DE PREPARACIÓN: 5 minutos	TIEMPO DE COCCIÓN: 30 minutos	RINDE: 1.5 litros (1½ cuartos de galón)

½ taza (95 g) de arroz blanco de grano corto

3 tazas (700 ml) de agua

1 rama de canela mexicana

3 tazas (700 ml) de leche entera

½ taza (85 g) de azúcar

Canela molida, para espolvorear (opcional)

NOTA

Si te sobró atole, espera a que se enfríe por completo y luego guárdalo en el refrigerador hasta por 3 días. Vuelve a calentarlo en una olla mediana a fuego lento durante 10 minutos, o hasta que esté caliente.

1. Colocar el arroz, el agua y la ramita de canela en una olla mediana. Encender el fuego a medio-alto y llevar a ebullición. Reducir el fuego a lento y cocinar por 20 minutos, revolviendo ocasionalmente.

2. Agregar la leche y la azúcar, revolver para combinar, luego retirar la mitad del arroz.

3. Colocar el arroz que se retiró de la olla en una licuadora y licuar hasta que quede bien molido.

4. Regresar esta mezcla de arroz a la olla y continuar cocinando a fuego medio-alto hasta que vuelva a hervir y se espese un poco.

5. Retirar la rama de canela y servir en tazas. Espolvorear con un poco de canela molida (si se usa).

CHAMPURRADO

Esta receta es para el clásico champurrado a base de agua, pero también puedes prepararlo con leche. Incluso puedes agregar clavo de olor o cáscara de naranja para darle más sabor. Cualquiera que sea la forma que elijas preparar esta popular bebida, estoy segura de que disfrutarás compartiéndola con tus seres queridos.

TIEMPO DE PREPARACIÓN: 5 minutos	TIEMPO DE COCCIÓN: 30 minutos	RINDE: 2 litros (2 cuartos de galón)

8 tazas (2 litros/2 cuartos de galón) de agua, cantidad dividida

5 onzas (140 g) de piloncillo o ½ taza (100 g) de azúcar morena oscura

1 rama de canela mexicana

2 tabletas de chocolate mexicano (aproximadamente 175 g/6.3 onzas)

¾ taza (90 g) de harina de maíz

NOTAS

✳ *También puedes usar leche en lugar de agua o mitad agua y mitad leche.*

✳ *Para obtener una consistencia aún más espesa, usa las cantidades en la receta y luego agrega 2 a 4 cucharadas más (10 a 20 g) de harina de maíz mezclada con ½ taza (120 ml) de agua (asegúrate de que la harina de maíz esté completamente disuelta).*

1. Colocar 6 tazas (1.5 litros/1½ cuartos de galón) de agua en una olla grande a fuego medio-alto con el piloncillo y la rama de canela. Llevar a ebullición, luego reducir el fuego a medio y cocinar unos 10 minutos, hasta que el piloncillo se haya derretido. Si se está usando azúcar morena oscura, este paso tomará menos tiempo porque la azúcar se disolverá en aproximadamente 4 a 5 minutos.

2. Agregar las tabletas de chocolate y continuar hirviendo a fuego lento durante 5 minutos, revolviendo ocasionalmente, hasta que se disuelva el chocolate.

3. Mientras tanto, vaciar las 2 tazas (475 ml) de agua restantes en un tazón mediano y agregar la harina de maíz. Mezclar bien con un batidor para evitar que se formen grumos. Debe tener una textura cremosa.

4. Cuando el chocolate se haya disuelto por completo, vaciar lentamente la mezcla de harina de maíz en la olla mientras se revuelve, para asegurarse de que no queden grumos. Si se quiere estar seguro, usar un colador para colar la mezcla.

5. Aumentar el fuego a medio-alto hasta que el champurrado comience a hervir, luego reducir el fuego a lento y cocinar, revolviendo constantemente. Después de 6 a 8 minutos, la mezcla comenzará a espesarse. Dejar que se cocine por 5 minutos más, luego retirar del fuego.

6. Servir en tazas. Tener cuidado antes de beber, ya que su consistencia espesa mantiene la bebida muy caliente.

CAFÉ DE OLLA

El café de olla se hace con café molido, canela y piloncillo. Tradicionalmente, este café se elabora en una olla de barro grande, sobre una estufa de leña. En su rancho, mi abuela usaba una vasija grande de peltre azul. Esta vasija siempre estaba ahí junto a la estufa de leña, lista para recibir a cualquier visita, sin importar la temporada o la hora del día. Esta receta me trae dulces recuerdos de mi abuela y su rancho en Veracruz.

TIEMPO DE PREPARACIÓN:	TIEMPO DE COCCIÓN:	RINDE:
8 minutos	7 minutos	950 ml (1 cuarto de galón)

4 tazas (950 ml/1 cuarto de galón) de agua

½ rama de canela mexicana

85 g (3 onzas) de piloncillo o 70 g (⅓ de taza) de azúcar morena oscura

¼ de taza (20 g) de café molido (de preferencia café tostado oscuro)

1. Colocar el agua, la canela y el piloncillo en una olla mediana a fuego medio. Cocinar hasta que el piloncillo se haya disuelto, aproximadamente 7 minutos (aproximadamente 5 minutos si se usa azúcar morena oscura).

2. Aumentar el fuego a medio-alto. Cuando el agua comience a hervir, agregar el café e inmediatamente apagar el fuego y revolver. Tapar la olla y dejar reposar el café durante 5 minutos.

3. Para servir, vaciar el café a través de un colador en tazas.

NOTAS

* *Esta es la versión más común de café de olla. A veces se puede encontrar con la adición de clavo, cáscara de naranja o semillas de anís.*

* *Al comprar piloncillo, asegúrate de buscar la versión pura, que tiene un color oscuro. Algunas tiendas tienen una versión similar que es simplemente azúcar en forma de cono, sin el sabor y los nutrientes del piloncillo real.*

* *Para cortar fácilmente el piloncillo, primero caliéntalo en el horno o en el microondas para ablandarlo.*

* *Si deseas agregar algunos licores, un licor de café como Kahlúa es una buena opción.*

CHOCOLATE CALIENTE

El chocolate ha tenido un lugar muy especial en la cultura mexicana desde la época de los aztecas. El chocolate caliente suele acompañar las comidas de algunas celebraciones, como los sabrosos tamales en el Día de Muertos y los Buñuelos (página 152) durante la Navidad. Sin embargo, no es necesario que esperes una ocasión especial para disfrutar de una deliciosa y espumosa taza de chocolate caliente.

TIEMPO DE PREPARACIÓN:	TIEMPO DE COCCIÓN:	RINDE:
2 minutos	8 minutos	950 ml (1 cuarto de galón)

4 tazas (950 ml/1 cuarto de galón) de leche entera

1½ tabletas de chocolate mexicano (aproximadamente 130 g/4¾ onzas)

¼ de cucharadita de canela molida

1 cucharadita de extracto de vainilla

1. Colocar la leche, las tabletas de chocolate y la canela molida en una olla mediana a fuego lento. Cocinar durante unos 6 minutos, revolviendo ocasionalmente, hasta que el chocolate se disuelva.

2. Espumar la mezcla con un molinillo o un batidor de mano para formar una buena espuma.

3. Justo antes de servir, agregar el extracto de vainilla, mezlcar y luego vaciar en tazas.

NOTA

Si prefieres tu chocolate más dulce, agregar un poco de azúcar a la olla después de que el chocolate se disuelva en el paso 1, pero asegúrate de primero probar el chocolate caliente.

PONCHE NAVIDEÑO

Este ponche caliente es una bebida tradicional que se elabora en México durante las fiestas navideñas. Se prepara con agua y una variedad de frutas frescas y secas. Otros ingredientes incluyen palitos de caña de azúcar, canela, piloncillo y, a veces, flores de Jamaica. Si bien algunas personas pueden agregar ingredientes aromáticos, como semillas de anís y flores de manzanilla, muchos adultos prefieren agregar un toque de licor, como ron, brandy o aguardiente. Me encanta el aroma de las frutas y especias que sale de la cocina cuando preparo esta bebida. El ponche navideño, este ponche de frutas es la manera perfecta de llevar los sabores de la Navidad a tu hogar.

TIEMPO DE PREPARACIÓN:	TIEMPO DE COCCIÓN:	RINDE:
10 minutos	1 hora 10 minutos	12 porciones

4 litros (1 galón) de agua

1 cono grande de piloncillo o 340 g (12 onzas) de azúcar morena oscura

3 palitos de canela mexicana

450 g (1 libra) de tejocote

680 g (1½ libras) de guayabas (aproximadamente 12 guayabas)

1 manzana mediana, pelada, sin corazón y picada

¾ taza (100 g) de ciruelas pasas sin hueso picadas

3 palitos de caña de azúcar (de aproximadamente 11.5 cm/4½ pulgadas de largo cada uno), divididos en cuartos

1 taza de vainas de tamarindo peladas (120 g) o flores de Jamaica secas (40 g)

1 taza (225 g) de peras sin corazón y picadas

½ taza (70 g) de uvas pasas
Ron, al gusto (opcional)

1. Agregar el agua, el piloncillo y las ramas de canela en una olla grande a fuego medio-alto. Si se está usando tejocotes frescos, agregarlos en este paso, ya que tardan más en cocinarse y ablandarse. Dejar hervir, luego reducir el fuego a bajo y cocinar durante unos 10 minutos.

2. Agregar las guayabas, la manzana y las ciruelas pasas, junto con los palitos de caña de azúcar y las vainas de tamarindo. Si se está usando tejocotes enlatados, agregarlos ahora. Por último, agregar las peras y las pasas (estas tardan menos en cocinarse). Cocinar a fuego lento durante aproximadamente 1 hora.

3. Servir el ponche caliente en tazas, agregando también un poco de fruta. Servir cada taza con un palito de caña de azúcar. Agregar el ron (si se usa).

NOTAS

- *Si no puedes encontrar todos los ingredientes, como los tejocotes o los palitos de caña de azúcar, puedes preparar esta bebida sin ellos.*
- *Para este ponche, en general utilizo vainas de tamarindo, pero a veces las sustituyo por flores de Jamaica; rara vez utilizo ambos al mismo tiempo.*
- *Si vives en una zona donde algunos de los ingredientes son difíciles de encontrar, algunas tiendas latinas ocasionalmente venden ingredientes de ponche enlatados en almíbar. Además, los palitos de caña de azúcar se pueden encontrar en muchos supermercados asiáticos.*

ÍNDICE

AGRADECIMIENTOS

Muchas de las recetas de este libro no hubieran sido posibles sin todos los cocineros y cocineras que compartieron sus conocimientos conmigo a lo largo de mi vida, y me gustaría darles las gracias a todos ellos. Al taquero de la esquina de mi barrio, cuando viví en Monterrey, que me enseñó cómo hacer tacos de bistec; a la señora que vendía tacos de guisados junto a la carretera en Cadereyta y me dio consejos para cocinar asado de puerco; y a doña Hortencia, que solía hacer docenas de tortillas de harina para su familia y me enseñó a hacerlas. A las mujeres especiales de mi familia: mi mamá Ernestina, mi querida abuela Sixta y todas mis tías, en especial mi tía Nono, que me enseñó el gusto de cocinar.

Un agradecimiento especial a Erin Canning por su paciencia y por creer que realmente podría escribir un libro de cocina, y a todos los involucrados en The Quarto Group.

A Mariana y Manuel Arciniega, por el hermoso regalo de diseñar el logo de Mexico in My Kitchen (México en Mi Cocina en español), ustedes dos son muy talentosos. A mi excepcional amiga Leticia Alaníz, por fotografiarme y capturar la esencia de mi espíritu.

Un enorme agradecimiento a los fieles lectores de Mexico in My Kitchen (México en Mi Cocina en español), que llevan solicitando este libro desde hace algunos años. Gracias por su apoyo constante y por mantenerme inspirada y motivada para seguir compartiendo nuestra gastronomía mexicana con el mundo. Este libro es para ustedes y sus familias.

A mi esposo, por ver mi potencial y por ayudarme desde el comienzo de mi blog.

Y finalmente, a mi hijo David A., quien era mis ojos detrás de la cámara, mi editor de texto y, a veces, hasta el lavaplatos mientras creábamos este libro. Gracias, mijo, no podría haberlo hecho sin ti. Sabes que este libro también es tuyo.

Gracias a todos y continúen pasando estas recetas a las siguientes generaciones.

ACERCA DE LA AUTORA

MELY MARTÍNEZ nació en la puerto de Tampico, Tamaulipas, México, y se crio en una familia de ocho hijos. Comenzó a ayudar en la cocina de su madre desde niña y pasaba los largos veranos tropicales en el rancho de su abuela en el estado de Veracruz.

Durante su tiempo como maestra de escuela rural en el sur de México, la exposición de Mely a diferentes costumbres regionales permitió que su interés culinario creciera aún más. A lo largo de su vida, ella ha vivido y viajado a muchos de los estados y las regiones de México, siempre visitando los mercados locales y puestos callejeros, donde cree que uno puede encontrar el corazón de la gastronomía de cada ciudad.

En 2008, inició su sitio web, Mexico in My Kitchen (México en Mi Cocina en español), donde comparte recetas mexicanas para que puedan preservarse y transmitirse a las nuevas generaciones, así como compartirlas con todos los amantes de la comida. Además de escribir para su sitio web, a Mely le gusta viajar y trabajar en su jardín, así como asistir a seminarios, festivales y otros eventos relacionados con la cultura y la gastronomía mexicana. También se desempeña como consultora de chefs y restauranteros alrededor del mundo.

Vive en Dallas, Texas.